「おせっかいばぁば」が教える

神様を味方につける習慣

「心健導場」主宰／おせっかいばぁば
天明 Tenmei

フォレスト出版

はじめに――少し長めのまえがき

人は100人100様の悩みを抱えている

生きていく。それだけなのに、悩みや苦しみは尽きることのないのが人間です。

私、天明の手元には、1万2000人分の悩みが書かれた記録用紙があります。

「おせっかいばぁば」と呼ばれながら、約40年にわたって統合療法の気功師として相談に乗ってきた皆さんの悩みが1万2000もあるということです。

この記録用紙に目を通してみると、皆さん実にさまざまなことで悩んでいらっしゃるのがわかります。

「会社の仕事がうまくいかない」

「夫婦の間でケンカが絶えない」

「孫が引きこもりで、将来が心配だ」

「自分はあと何年生きられるのだろう?」


というような日常生活のことで悩んでいらっしゃる方もいれば、

「40度の高熱が続いて入院したが、原因がわからない」

「末期ガンになり、ガンが全身に転移している」

「人工透析をするようになって、会社の仕事もできなくなった」


といったように、重篤《じゅうとく》な病にかかり、重い苦しみを抱えている方もいます。

人は実にいろいろなことで悩んでいるのがわかり、「生きることは、悩むことなんだ」とさえ思えてきます。

特に2020年は、世界を震撼させた新型コロナウイルスの影響で、恐れや不安を強く感じる方、働き方の変化に戸惑い、ご自身の無価値観を感じられている方が増えました。

あなたは今、どのような心身の悩みを抱えていますか？

それらはあなたの人生にどのような影響を与えていますか？

信頼して相談できる人はいますか？

もしかしたら、あなたは、耐え切れないほどの悩みや苦しみを抱えているかもしれませんね。

でも、もし生きる悩みや苦しみを自分自身の力で解決し、消すことができるとしたらいかがでしょうか？

今よりも幸せな人生が過ごせると思えませんか？

人生に希望が見いだせると思いませんか？

この本は、悩み、苦しんでいる人が、少しでも幸せで豊かな人生をしてほしいという一心で書いたものです。

でも、悩みや苦しみを自分の力で解決すると言っても、難しいことをする必要はないんです。なぜなら、実際に問題を解決するのは、あなた自身ではなく、もっと大きな力に委ねて解決してもらうからです。

この本で紹介していること――今日からすぐに取り入れられる呼吸法や日々の過ごし方、終活など――を実践していくと、ふと気づいたら、悩みや苦しみが和らいできます。言うなれば、神様が味方してくれたかのような状態になるのです。

あなたはただ「私は、健康で幸せに生きることができるんだ！」と信じて、この本に書いてあることを実践すればいいんです。

なぜなら、一つひとつわかりやすく丁寧に紹介している方法は、「神様が味方する生き方」の極意だからです。

人生に対して苦しさを感じたときは、ぜひこの本をひもといてください。

「おせっかいばぁば」の知恵を実際に行なうことによって、神様があなたに味方してくれますから。

宇宙と自然を意識すると、「自然治癒力」が高まり病気とおさらば

私は鍼灸、気功、呼吸法、レイキや心の在り方まで、さまざまなことを学んで統合療法の気功師として、皆さんの心と身体を整える「導場」（道場）を約40年間運営してきました。

その経験から言えることは、人には誰も自分で自分のことを癒せる〝特別な力〟、「自然治癒力」を持っているということです。

自然治癒力は、文字どおり自然と傷ついた心身が治っていくことですが、私たちが健全な状態にないと、この力はうまく働いてくれません。

その健全な状態とは、きちんと自然と共鳴している状態です。

自然と共鳴しているというと、難しく感じるかもしれませんが、私たち人間には生まれながらに、自然と共鳴する能力が備わっています。

ケガをしたとき、特別に何かをしなくても、時間の経過とともにかさぶたになって

治ることがありますよね。あまりに当たり前で、普段意識することのないその力こそが、誰もが持つ自然治癒力です。何も意識しなくてもケガや病気を治せる力を、もし意識して活用できたとしたら、どうなると思いますか?

病気やケガが人よりも早く治るだけではなく、現代医療では治すことができないと言われている症状が改善することもあるんですよ。

そういうと、神秘主義やオカルトの話をしていると思う方もいるかもしれませんね。確かに現代の医学ではまだ解明されていないかもしれませんが、だからといって嘘っぱちだとは思わないでください。

現代の医科学は、時にガンをも治してしまうほど進歩したので、多くの人は科学でなんでも解明できると思ってしまっています。

でも、科学で解明できることは、目に見える世界のことだけです。そして、目に見えるものだけでは、人間の身体に宿っている神秘的な力は説明できません。

大切なのは、目に見えるものを手がかりに考えることではなく、目に見えない大きな自然の力、宇宙の力を信じて委ねることです。そうすれば、その力と共鳴できるようになり、自然治癒力だけでなく、あなたの内側にある大きな力を発揮することができるようになるのです。

「3・3・7・3呼吸」で、潜在意識のスイッチを入れる

「どうすれば苦しみから解放され、好転させられるでしょうか?」

私はこれまでこの質問を何千何万回も受けてきました。

そんなとき、まずお伝えしているのが「呼吸を変える」ということです。

詳しくは第1章でお伝えしますが、呼吸法を実践することで、自然と共鳴し、潜在意識を目覚めさせることができるのです。

その潜在意識を目覚めさせる呼吸法は、「3・3・7・3呼吸」です。

私たちが普段何気なく呼吸するときは、意識して吐いたり吸ったり止めたりしませんが、この呼吸法では、二つ目と四つ目の「3」で息を止めます。

①1、2、3と心の中で数えながら、ゆっくりと息を吸い込みます。
②次に力を抜いて息を止め、1、2、3と3秒休みます。
③さらに、7拍で息をゆっくり吐いていくのです。
④吐き終わったら、また力を抜いて、1、2、3と3秒休む。

これを繰り返すのです。

こうして意識しながら、「吸う」「吐く」「止める」を行なうことによって、肺呼吸からお腹を使う「腹式呼吸」に自然と切り替わっていくのです。

ではなぜ、呼吸を変えると、人生が変わるのでしょうか？

それは、悩みから解放されるからです。悩みから解放されたら、人生は楽になると思いませんか？

実は、いい呼吸はあなたを悩みから解放してくれます。

悩みとは、ほとんどが頭の中で勝手にぐちゃぐちゃ考えて生み出されているものです。多くの悩みは、実際に起きていないことに対する取り越し苦労なんです。だから、本来は悩む必要はありません。

では、取り越し苦労をしなくて済むには、どうすればいいのでしょうか?

それは、心の中に「庵《いおり》」を持つことです。

庵とは、何だかおわかりになりますか?

今の若い方はご存じないかもしれませんが、小さな草葺《くさぶ》きの小屋のことを言います。世間様のことに惑わされず、本当のあなたの心、本心が落ち着くことのできる庵を心の中に持つことが大切なんです。

そして実は、人は皆、庵を自分の中に持っています。その庵は、おへソの下の奥のほう、「丹田」の中にあるんです。

武道をやる人は、よく「丹田に力を入れる」とおっしゃいます。それは、余計なことに惑わされないで、本当の自分、自然と共鳴している自分とつながることができるからなんですね。


話を呼吸に戻します。

先ほど「3・3・7・3呼吸」をすると、腹式呼吸に切り替わっていくという話をしましたね。腹式呼吸をすると、丹田のほうまで空気が入っていってスペースができるんです。そのことによって、ぐちゃぐちゃと考えている意識が頭から丹田に移っていきます。

小さい頃、怪談話を聞いたあとに、ちょっとした影がおばけのように見えて怖い思いをしたという経験はありませんか？

でも冷静な目で見ると、それは単に自分自身の影だったり、風にそよぐ柳の枝だったりして、怖がる必要はまったくないものです。

だけれども、「怖い、怖い」と思っていると、頭が勝手に怖いものを創り出してしまうんです。悪いほう、悪いほうへと考えてしまうようになるのです。

でも呼吸法を変えて、意識を頭から丹田に持っていくと、本来のあなたの心穏やかな冷静な目で物事を見ることができるようになります。

悪いほう、悪いほうへと考えるネガティブ思考が止まって、物事の本質が見えるようになります。そして、多少悪いことがあっても、あなたには、自然と共鳴してそれを乗り越える力が備わっていると信じられるようになります。

こうして、〝平常心〟を取り戻すことで、普段意識していない潜在意識のスイッチが切り替わり、心の奥底のパワーで人生がどんどん好転していくのです。

神様を味方につける「3と97の法則」とは？

「なんだか人生うまくいかないなぁ」と思うことは誰でもあるものです。

もちろん人生山あり谷ありで、いつもうまくいくとは限りません。でも、いつも谷ばかりで、一向に山が来ないようだったら、それはあなたが大切なことに気づいていないからかもしれません。

そう言うと「私だって一生懸命考えて頑張っているんです！」と反論する人がいるのですが、実はそれがいけないんです。

考えてばかりいてはいけないんですよ。

「考える」というのは、目の前にある材料、つまり、見えるものを組み立てて、頭の中で行なう作業です。でも、実は本当に大事なのは、目に見えるものではなく、目に見えないものです。

それこそが、神様を味方につけるために一番知っていてほしい考え方「3と97の法則」です。

この法則自体は、とても簡単なものです。


目に見える世界が「3」で、目に見えない世界が「97」。

顕在意識が「3」で、潜在意識が「97」。

思考によって持たされるパワーが「3」で、人間が本来持っている根源的パワーが「97」、

というものです。


生きるために大切なことは、目に見えない世界の中に存在しています。

地上に伸びている樹木より、地中に根を張っている根っこのほうがより深く、広く伸びて、大切な養分を吸い上げているのと同じように、私たちの人生にとって本当に

大切なパワーを与えてくれるものは、目に見えないところにあります。

現代人は、小さい頃からずっと考えるように教育されています。考えて一生懸命に正解を出そうというクセがついてしまっています。

でも、人生に正解なんてありません。ないものを探そうとしても、悩みは深くなるばかりです。

それにもかかわらず、どうしても視覚情報を頼って見える世界の中で生きてしまってます。

見える世界とは、社会のことであり、もっと具体的に言うと、ご近所や学校、会社だったりします。その現実生活の中であなたは、人に嫌われないため、責任を果たすために、「〜しなければ」とか「〜すべき」といった思考で生きることがいいことだと信じ切ってしまって縛られているんです。

ですが、人間も動物であり、自然の一部です。人間が創り出したような社会通念ではなく、自然の力、宇宙の力の流れに従うことのほうがよほど大事なんです。

目に見えるものに囚われると、自然の力、宇宙の力という大きな流れを見失ってしまいます。そして、その流れに抗《あらが》って生きてしまって、疲れ果ててしまいます。

「でも、自然の力や宇宙の力の流れは、目に見えないからどうしようもないじゃないですか」という声が聞こえてきそうですね。

安心してください。

実は、あなたと自然の力、宇宙の力はつながっているんです。どれだけ人間が考えることを続けてきたといっても、人間も動物である以上、潜在意識では自然とつながっています。

その大きな流れにうまく乗ることさえできたら、「3」の頭の世界で考えたことの何十倍もの「97」のパワーで、さまざまな難局を乗り切ることができます。

心の中にきちんと庵を持って、本来のあなた、自然の力を活かせるあなたを呼び覚ますことができたら、人生はガラッと変わります。

もしかしたら、あなたは今までの人生、ずっと目に見える「3」の世界に頼っていたかもしれません。そこから急に目に見えない「97」の世界に委ねようとするのは怖いかもしれません。

でも心配しないでください。あなたは間違いなく、自然の力、宇宙の力とつながっていますからね。タネ明かしをすると、その「97」の力を味方につけることこそが、神様に味方される生き方なのです。

大丈夫です。あなたならできます。

自分自身を信じて、「3と97の法則」を信じてください。

そうすれば運気が良くなり、悩みや苦しみも消えて、「神様から味方されているなぁ」と実感できるようになって、人生は確実に変わっていきます。

大丈夫ですよ！　あなたは必ず、人生を変えることができますから！

さあ、ページをめくって苦しみや悩みを吹き飛ばしてください。

「おせっかいばぁば」が教える 神様を味方につける習慣◎目次

第一章 神様と仲良くなれる「呼吸」と「こころ」

第二章 「見えない力」が悩みを解決する

第三章 「3と97の法則」で神様が微笑む

第四章 人間関係が良くなる心のスイッチ

第五章 感動しながら生きるコツ

第六章　健康は縄文人が教えてくれる

第七章 神様は「笑い飛ばし」と「ご奉仕」が大好き

装幀◎河南祐介（FANTAGRAPH）
装画◎根岸美帆
本文デザイン◎二神さやか
出版プロデュース◎吉田治（天才工場）
編集協力◎潮凪洋介、Ray、ちりゅうすずか
特別協力◎鶴賀太郎
DTP◎株式会社キャップス

第一章

神様と仲良くなれる「呼吸」と「こころ」

呼吸法一つで運は開ける

呼吸に隠されている宝を使わないなんて、もったいない

人は、当たり前にできることはなかなか意識しないものです。その筆頭が「呼吸」ではないでしょうか？

私のところに心配事があって相談に来られるほとんどの方は、浅い肺呼吸をなさっています。そういう方がいらっしゃると、まず少しずつ呼吸が深くなっていくようにゆったりペースでお話を聞いたあとにお尋ねします。

「あなたは呼吸をしていますか？」

するとたいてい、「何を言っているんですか？」という表情で、こうおっしゃいます。

「してますよ」

そこでさらに「でも、もっと吸えませんか？」と尋ねると、ようやく猫のように丸まった肩を広げて、肺の中を満たすように胸を張って呼吸をしようとします。

さらに尋ねます。

「もっと大きな呼吸はできませんか？」

今度は背筋を伸ばして、お腹も使った呼吸をして見せてくださいます。

ここまでやると、こわばっていた表情が和らいで、ほっこりした良いお顔になります。

人は、「呼吸なんて当たり前にできている」と思い込んでしまっています。

だから、呼吸が浅くなっていても気にも留めないという方が大半です。

でも、それは、とてももったいないことです。

呼吸にはすばらしい宝が隠されていて、やり方一つで運を開くことができるほど大きなパワーを持っているものなのに、使わないなんてもったいないとしか言いようがありません。

呼吸に隠された宝とは、生きるパワーです。生命力の源にある、泉のように湧き出るパワー。だから、この宝を使うと運が開けるんです。

なぜなら、それは神様が与えてくださった宝だからです。

人は皆、「吸って、吐いて」と呼吸を繰り返します。社長さんでも仕事がない人でも、麗しい容姿の人もそうでない人も、頭の良い人もそうでない人も、同じように呼吸を繰り返します。この世を生きる環境や状況がそれぞれ違っていても、「みんな等しく幸せになれるよ」というメッセージを込めて、生まれた瞬間に神様が皆に平等にプレゼントしてくれたものが呼吸なんです。

悩んでいるときの呼吸の状態

神様はいつも、私たちが求める幸せに辿り着くことを応援しています。「忘れないで呼吸をしなさい、幸せになりなさいよ」と、神様と仲良くなれる道（呼吸）を授けて、私たちが集ってくるのを待っていらっしゃるのです。

大きなパワーを内側に秘めていることをすっかり忘れているのは、悩みや苦しみを抱えているときです。

そんなとき、人はどんな呼吸をしているでしょう？

「ああなったらどうしよう」「こうならなかったらどうしよう」と、マイナスのことばかりが次々に浮かんで、頭が不安でいっぱいになっていますよね。

そして、呼吸することを忘れています。息は止まってこそいないものの、虫の息と言われるような弱々しいものになっています。中には短期間止まっている方もいらっしゃいます。

もしそのまま息をしない状態になったら、それは死ぬということです。

「生きる」ことは「息る」ことなんです。

呼吸をすることは生死とも直結する大切なことなのに、当たり前すぎて、そこに〝質〟があると気づかないのです。

あなたが悩んでいるとき、どんな呼吸をしているか。身近な方が苦しんでいるとき、どんな呼吸をしているか……。ぜひ観察してみてください。

お腹の底まで酸素を取り込むような、おおらかな呼吸ではないはずです。

知っているだけでは、運は開けない――パワーを使えるようになる「深い呼吸」

「そんなこと知っています」という方もいるかもしれません。

でも、知識として知っているだけでは、運は開けません。聞いただけで幸せを感じることはできません。

だからここで、深い本当の呼吸をお教えしますね。

まずは、今あなたがどんな呼吸をしているかを観察してみましょう。

そして、それがどのようなものであったとしても、いったん全部吐き出してみてください。そうすると、あとは吸うしかありませんよね。

そのときに、お腹の底（丹田）まで深く吸い込もうと心に思いながら行ないましょう。最初の数回は、身体に力が入りすぎて苦しいかもしれません。でも続けるうちに力みが取れてきます。

身体のあちこちの力みが取れてくると、血の巡りも良くなります。

姿勢が変わってきて、ほぐれた感覚が感じられてくると、気分が変わってきます。

ひと言で言うと、氣が落ち着いてきます。

これが「呼吸に意識を向ける」ということです。

何回続けるか、何分必要かは、人によって違いますし、同じ人でもその時々によって同じではないでしょう。それこそ当たり前ですよね。毎日まったく同じ気分の人などいませんから。

呼吸に意識を向けていると、生命力の源にある泉のごとく湧き出るパワーという宝を使うことができるようになります。

たとえば、ふとすばらしいアイディアが降りてくることもあります。ふと誰かの名前や顔が浮かんできたので連絡すると、ちょうど先方も連絡しようと思っていたことを聞き、会ってみたら良い機会につながるなんてこともあります。

まさか呼吸のパワーだとは思いもしないので、「偶然だね」とビックリ話に花を咲かせているのです。1秒でも早く開運したいと願うなら、意識的な呼吸を続けることが一番の近道なのです。

ネガティブな感情は、呼吸法で水に流す

効果実証済みの「心のスモッグ」の消し方

私はよく「心のスモッグを出してしまいましょう」と皆さんにお伝えしています。生きていれば、不安や焦り、後悔、怒りなど、いろいろな想いや感情が溜まりますが、その感情は「スモッグ」のようなものだと考えてください。

モクモクと頭の中を占拠してしまうので、大切な光を遮ってしまいます。そして、ネガティブなエネルギーを帯びているので、健康を害してしまう元にもなります。だから、心のスモッグは出し切ってクリアしてしまう必要があるのです。

では、どうやったら心のスモッグを出すことができるのか、お伝えしましょう。

たとえば、職場で上司や同僚に理不尽なことを言われたり、身勝手な行動に振り回されたりして腹が立ったとしましょう。しかし、角が立つので表立って文句が言えないこともあると思います。

そういうとき、心の中にモヤモヤが溜まってしまいますよね。それが心のスモッグです。

そうやって職場で心にスモッグが溜まってしまったら、トイレに行ってください。個室に入って水を流しながら、悔しさや腹立たしい想いを声に出すのです。

「課長のバカヤロー」「○○さんは、自分勝手で傲慢だ！」と心の中に溜まっていることを、言葉にして、声に出して、文字どおり水に流すわけです。本当に声に出すんですよ。

この方法はとても効果があります。私自身、若い頃勤め先で実践してきましたので、有効性は実証済みです。

「こんちくしょう、バカ野郎」と、何度吐き出したかわかりません。頭の中からスモッグを出してしまうと、本当にスッキリします。

頭の中がスッキリすると得られるメリットの数々

では、頭の中がスッキリすると、どんな善いことがあるのでしょうか。

まず言えるのは、気持ちの切り替えができますので、いつまでも嫌な気分を引きずって過ごさなくても良くなります。

腹の立つ上司や同僚のことをいつまでも頭の中で考えているのは楽しくありませんよね。さっさと吐き出して水に流せば、気持ちの切り替えができてスッキリする。すると、少し前の嫌な出来事に何時間も費やすのではなく、目の前、そして少し先の未来に向けて楽しいことを考えたり行動することができるようになるのです。

たとえば、指図ばかりで口は出すけれど手は動かさない先輩がいても、スモッグを出し切って水に流してしまえば、その人に対するネガティブな感情も流れてしまってどうでも良くなってきます。そして「よし！　じゃんじゃん片付けて、今夜はおいしいものを食べに行こう」と考えられるようになってくるんです。

そうすると、眉間のシワの代わりに、微笑みが現れてくるのですよ。

あなたのことを頭ごなしに否定する人のことも、文句ばかり言う人のことも、存在ごと流していいのです。

「え？　そんなことしていいの？」と思われるかもしれませんが、いいのです。頭の中のスモッグが吐き出されて、健全な氣が蘇れば、どんな状況のときもあなたは最善の行動を取ることができるようになるからです。

嫌な気分の元になった方の存在ごと水に流したところで、その方に危害が及ぶこともありませんし、あなたにバチが当たることもありませんので、安心してください。


この方法は、受験や講演、どうしても勝ち取りたいプレゼンテーション、試合を控えている方にもおすすめです。

まず最初に自分自身が頑張ってきたことをしっかりと認めてください。その上で本番直前の緊張や不安、弱気な自分の気持ちを「失敗しそうで怖いよ！」「緊張するよ！」とスモッグとして吐き出しながら、水とともに流すのです。

人間誰しも、間際になればドキドキしてしまうものです。どんなにベテランになろ

「排泄呼吸と充電呼吸」の動画はこちら⇒　https://youtu.be/N-L87-k777I
最初は、文字や絵を見ながらやるので、頭が動きますが、身体が覚えたら身体に任せます。回数も決まりはありません。自分なりの方法で。

うと、本番前には緊張で胃が痛くなるというニュースキャスターの話を聞いたことがあります。「どんな大物でも緊張するんだ！　自分だけじゃないんだ」と思うことも、気持ちを和らげてくれますが、まずは自分の努力をしっかりと認めて、その後に弱気、不安、緊張を流すのです。

そんな話を皆さんにお伝えしていますと、この方法を実践して、本番に臨まれた方々が、ニコニコ笑顔で朗報を聞かせてくださいます。そのたびに、スモッグを吐き出すことの大切さを改めて痛感します。

この方法は、年齢や性別、国籍に関係なく、いつ誰がやっても効果を発揮するので、ぜひ試してくださいね。

呼吸でわかる、運のいい人、悪い人

ピンチのどん底から奇跡の逆転を起こした社長の話

呼吸を見ていると、その人の運の良し悪しがわかるということを知っていますか？

ひと言で言ってしまうと、運の良い人はゆったりした深い呼吸をしています。それに対して、運の悪い人の呼吸はせわしなく浅いんです。

以前ある会社の社長さんが、慌てた様子で私のところにやってきました。なんでも会社の命運を決めかねない大きな契約が決まるまでもう一歩というところで、先方の担当者が代わって急転直下。話が振り出しに戻って、ご破算になりかけているというのです。「もうひと踏ん張りで契約だ」と気合いを入れていたとき、梯子《はしご》を外され途方に暮れて私のところにいらしたのです。

そのときの社長さんの呼吸は、まさに浅くてせわしないものでした。

しかし、しばらく私と話をしていると落ち着いたのでしょうか、次第に呼吸がゆったりとしてきて、深くなっていきました。それに伴って社長さんの氣が整ってきたのを感じました。その様子を見て、何か別の手立てがあるように強く感じたので、尋ねてみました。

「どなたか助っ人になる人物の心当たりはありませんか？」

最初はキョトンとされていたのですが、

「ちょっと待ってください」

と言って目を閉じられました。

胸の内の不安を追い払うかのように、息を吐き切ったあと、少しの間、沈黙の中で深く深く吸い込んで、ゆっくり吐き出す呼吸をされていたと思ったら、突然拳を叩きました。

「先生、いました！　数回しか会ってないけど、早速これから訪ねていきます」

そう言い残して、いらしたときとは別人のように血色のいい、前向きな表情で出かけて行かれました。

そのときの社長さんの目が赤ちゃんのようにキラキラ輝やいているのを見て、「ああ、大丈夫だな」と感じたのを覚えています。それから数日後、あっという間に契約が締結する運びとなったと朗報が飛び込んできました。

「本当に運が良かった。奇跡のようです」

電話の向こうから喜びいっぱいの声と一緒に、信じられないという興奮が伝わってきました。

社長がピンチのときにやったこと

よくよく聞いてみると、深い呼吸をしているとき、ある人物の名前が不意に思い出されたそうなのです。「連絡してすぐ会える相手ではないけれど、伸《の》るか反《そ》るかの大勝負を前に怯《ひる》んでなどいられない！」という気になったとき、身体が先に動き出したと話されていました。

お腹（丹田）で深い呼吸をしてひらめきを得た。それからダメ元の行動力。この2つがセットになって功を奏したのでしょう。タイミング良く会うことができて、そこからトントン拍子で事が進んだとの話でした。

多くの方のお話を聞いていますが、運のいい人は、切り替え上手です。どんな人も浮き沈みを経験します。追い風を受けてどんどん前に進めるときもあれば、三歩進んで二歩下がるもどかしいときもあります。

そんなとき、運のいい人は頭の中でグルグル回っているマイナスの考えにしがみつかない潔さがあります。

どんなに口惜しくても、深い呼吸をしながら切り替えるのです。

というより、深い呼吸をしていると、切り替えがうまくなるので、今は待つしかない、たとえ抵抗を感じたとしても変えるしかないなど、そのとき何が最善かを敏感に察知できるのです。

呼吸一つで人間関係も変わる理由

呼吸は、人間関係にも影響を与えます。

人に囲まれて、意気揚々としている方の呼吸は、ゆったりして安定感があり、人に安心感を与えます。反対に浅い呼吸をしている人は、不安や性急さが現れるので、あまり人が寄り付かないのです。まわりを見渡してご覧になると、確かにそうだなと思われることでしょう。

人間には動物的な本能が備わっていますので、奇妙な呼吸をしている人からは自然と距離を置こうとするものです。それでは、運も逃げてしまいますよね。

ツイてないなと感じたり、気持ちが沈んだときは、深い呼吸をしてみてください。最初は、身体の中にある毒を全部吐き出すつもりで絞り出します。それからお腹いっぱいに吸い込んで、慌てず、静かに吐き出します。

昇運を願うときにもおすすめです。運気というくらいですからね。あなたの中の氣を軽くしていくようにイメージすると、いっそう効果的です。大丈夫ですよ。呼吸の秘密に気がついた今このときから、あなたも運のいい人になれますから。

神様と仲良くなれる「三つのこころ」①

——感謝のこころ

苦しんでいる人ほど、足りないもの

「どうすれば神様と仲良くなれますか？」と尋ねられることがあります。

「自分自身と仲良くなれたら、神様とも仲良くなれますよ」

そうお話をすると、キョトンとした顔をされる方が多いので、もう少し噛み砕いてお伝えするために、「三つのこころ」のお話をします。

神様と仲良くなれる「三つのこころ」とは、「感謝のこころ」「気づくこころ」「信頼するこころ」の3つです。

日々人の悩みを聞いていますと、苦しんでいる人には感謝する余裕がなくなってい

ることに気づきます。

「子育てや家事に明け暮れている」「介護で自分の時間が持てない」「年を取って身体が言うことを聞かなくなってきた」「会社の経営が暗礁に乗り上げた」「受験や就職試験のこと」など、悩みは多岐にわたります。でも、悩んでいる人は、子どもから大人まで共通して、「出来事」に追われているのです。

もちろん、原因やきっかけとなった出来事はあります。一人ひとりが本当に心を痛めていることはよくわかります。

悩んでいるときは、苦しいですよね。その感情にどっぷり浸かってしまうと、被害者意識が芽生えてしまいます。

すると、「親が悪い」「会社がひどい」「環境が良くない」などと、何でもかんでも人や環境のせいにしてしまいます。

そういうとき、頭の中は苦悩一色。「頑張っても、どうせダメだ」とネガティブな考えが渦巻いています。

しかし、世の中には、どんなに苦しくても、窮地を乗り越える人が存在します。同じように苦境に立たされていても、被害者意識とは無縁。腹をくくって目の前の状況を丸っと認め、状況打破に気合いを入れようとする人は、誰のせいにもしませんし、環境が悪いと言って陰にこもりません。

そういう人は、頭の中だけで考えていないで、身体を動かしています。苦しいことも織り込み済みと、頑張ってポジティブに前向きに考える努力をします。

被害者意識に苛まれる人、無縁の人のたった1つの違い

さて、悩みの中にどっぷり浸かって被害者意識に苛《さいな》まれる人と、被害者意識とは無縁で前向きに考える人。両者の違いは何でしょうか？

両者の違いはたった1つしかありません。感謝を忘れ去っているか、感謝し続けているか。この1点だけなのです。

よく言われることですが、神様は負えない荷物を与えたりなさいません。もし、あなたが何か大変な出来事に直面したとき、このことを思い出していただきたいのです。

もし悩むようなことが起きたら、「自分にはこれを乗り越えるだけの力があるんだ」

と思ってください。

嫌な気分になることもあるでしょう。でも、まだ生きています。ご飯が食べられます。動けます。声が出せます。その一つひとつに感謝してみてください。

「苦しいときに感謝なんかする暇はない」などと言わず、静かに立ち止まり、今自分の人生に何が起きているのかをよくよく観察してみてください。

他人や環境のせいにすると、〇〇が減る

誰かのせいにするのは簡単です。でも、誰かのせいにすると、感謝する機会を自分から捨てることになってしまいます。

仮に、嫌味ばかり言うお姑さんに辟易《へきえき》しているとします。あなたが気分を害しているのはお姑さんのせいですか？　ひょっとしたらお姑さんを悪く感じる習慣があるだけではありませんか？

ちょっとだけ見方や受け止め方を変えてみたら、きっと何かに気づくと思うのです。お姑さんは、何か別のことをあなたに言いたいだけなのかもしれません。

せっかく感謝する機会が目の前にあるというのに、自分が「この人のせいで嫌な気分になった」と、被害者意識を持ってしまうのは、ちょっともったいないことです。もしかしたら、お姑さんはあなたの良くないクセを正してくれようとしているのかもしれません。そのクセが直ったら、他の人とのコミュニケーションもずっと円滑に取れて好かれるかもしれません。

でも、お姑さんは口下手でそのことをうまく伝えられず、嫌味のような言い方でしか伝えられないのかもしれません。

でも、あなたに被害者意識がある限り、そうした真意を汲み取ることは絶対にできません。そうするとあなたはせっかく悪いクセを直す機会を失うことになるのです。それはもったいないですよね。

そうでなくても、お姑さんからの嫌味が聞こえるということは、その声を聞く耳がちゃんと働いているということですよね。実はそれは本当にありがたいことです。だから「ああ、私には聞こえる耳があるんだなぁ、ありがとうございます」と心で思ってみてください。

どんな気持ちが湧いてくるか、ぜひ試してみてください。

きっといつもの被害者意識とは無縁の感覚を味わえるはずですよ。その感覚を味わうチャンスを見過ごすなんてもったいないことです。

その他、日常のどんな些細《ささい》なことにも感謝することができますので、今あなたが生きている環境を観察するようにされると、たくさん見つかるはずです。

「今在る状況のすべてに感謝しなさい」

神様はこのようにおっしゃっています。だからこそ、神様と仲良くなるには、「感謝のこころ」が欠かせないのです。

神様と仲良くなれる「三つのこころ」②
——気づくこころ

あなたが気づいていない、すでに成し遂げているスゴイこと

あなたは、今まで人生でどんなことを成し遂げてきましたか？

そう聞かれると、ほとんどの人が「何も大それたことを成し遂げたことはありません」とお答えになります。

でも、そんなことはないんですよ。

だって、実際あなたは今この本を読んでいるじゃないですか。生まれたときは文字は読めなかったはずです。でも、今は普通に文字を読んでいますよね？　それはスゴ

イことではありませんか？

日本語の場合、ひらがなやカタカナに加えて、数千もの漢字があります。それを読めるようになっているということは、スゴイことを成し遂げたということではありませんか？

もしそう思わないのでしたら、逆に今から数千もの新しい漢字を覚えなくてはいけないと想像してみてください。それは大変なことですよね？　その大変なことをあなたはこれまでの人生でやってきたんです。

それにもかかわらず、多くの人は「今まで何も成し遂げたことがない」と思ってしまっています。

謙虚なのはすばらしいことですが、自分ができないことにばかりに目を向けるのではなく、自分が成し遂げたこと、前進していることにも、きちんと気づいて目を向けることもとても大切なんですよ。

それが神様と仲良くなるための「三つのこころ」の2つ目のこころ「気づくこころ」です。「ないもの」ではなく、「あるもの」に目を向けることです。

「気づくこころ」が生む、自信のスパイラルを活用しよう

なぜ「気づくこころ」が大切なのでしょうか？

それは、自分のいいところ、前進しているところに気づくことによって、「自信」を持つことができるようになるからです。

自信を持つことができれば、いろいろなことに挑戦することができます。挑戦をすると、また一歩前に進むことができて、それが新しい自信を生みます。

そうして少しずつ雪だるまのように自信を増していくことができると、気づいたら大きなことを成し遂げるようになっているんです。

「私、全然自分に自信がありません」と言う人は、少し自分に厳しすぎるのかもしれません。

もっともっとあなた自身のことを褒《ほ》めてあげるようにしてください。

あなたのお子さんや大切な親友が、人生がうまくいかなくて本気で落ち込んで思い

悩んでいるとき、あなたはどういう言葉をかけてあげますか？

その人が失敗したことや、ダメなところを並べたてて「だから、あなたはうまくいかないのよ」と傷口に塩を塗るようなことをしますか？　しませんよね。その方のすばらしいところを褒めて、「絶対大丈夫だ」と励まして差し上げませんか？

それなのに、なぜか、ご自身に対しては手厳しい、酷《ひど》い言葉を浴びせてしまう人が多いんです。

「これだから私はダメなんだ」「私って、サイテイ」と、ますます自信がなくなってしまうような言葉を自分に投げかけていませんか？

もっとあなた自身のすばらしいところに気づいてください。あなたが前進しているところに気づいて、褒めてあげてください。

どんな些細なことでもいいんです。「千里の道も一歩から」と言います。足を一歩前に踏み出したら、「私、スゴイ！」「私、サイコー！」と自分を褒めてあげてください。そして、それを自信に変えて、次の一歩を踏み出してください。

自分に対して自信を持つことができたら、前に進むことができます。二歩進んで、一歩後退しても、あきらめずに次の一歩を踏み出すことができるんです。

神様はあきらめずに前に進もうとする人を決して見捨てません。必ずチャンスをくださいます。

そのチャンスにきちんと気づいて、さらに一歩前に進んでいけば、人生はあなたが望む方向に拓《ひら》けていきます。

神様と仲良くなれる「三つのこころ」③

――信頼するこころ

あなたが信頼すべき人は誰か？

とても大切なことを誰かに頼むとき、どういう人に頼みますか？
大変な悩みごとがあったとき、どういう人に相談しますか？
あなたが最も信頼する人に頼んだり、相談したりするのではありませんか？
では、実際に大切なことを常に一緒にするのは、誰でしょうか？
大変な悩みについて一番話すのは誰でしょうか？
わかりませんか？
実はそれは、あなた自身なんです。どんなことをするときも、あなたは自分からは離れることはできませんし、悩んでいるときはあなた自身にいろいろなことを語りかけています。そのあなた自身をあなたは信頼していますか？

信頼という言葉を聞くと、どうしても他人のことを考えてしまいますが、実は一番信頼しなくてはいけないのは自分、あなた自身なんです。

神様はいろいろな試練を私たちに与えることがありますが、あなたがあなた自身のことをきちんと信頼できていれば、どんな困難も乗り切れます。

自分を信頼できるようになる、一番簡単な方法

では、どうしたら自分のことを信頼できるようになるのでしょうか？

答えは簡単です。それは「自分に嘘をつかない」ことです。「なんだ、そんな単純なことか」とお思いになるかもしれません。そうです、そんな単純なことです。

でも、その単純なことが実は一番難しいのです。

私たちは、毎日いろいろなことを自分自身と約束しています。

「今日帰ったら、お庭の掃除をしよう」「明日からは間食をしないでダイエットをし

よう」「子どもにイライラしないで、優しく接しよう」……。

いろいろなことを自分と約束しながら、気づいたらその約束を破ってしまっていま す。自分自身に嘘をついてしまっているんです。

人は人様との約束は、できるだけ守ろうと一生懸命に頑張ります。約束を守らないと信用を失ってしまうからです。

でも、自分自身との約束は、守っても破っても誰にもわかりません。だから、ついつい破ってしまうんです。私もよく破ってしまいます。

でも、自分に嘘をついて、自分との約束を破ってしまったということは、誰よりもあなた自身がよくわかっています。だから、自分自身への信頼が落ちてしまいます。自分自身のことが信じられなくなってしまいます。

そうなると、あなたは、事業がうまくいかなくなったり、病気になったり、家族との関係がうまくいかなくなったような大変な場面でも、あなたが信頼していない人、つまり、あなた自身と一緒に過ごさなくてはいけなくなるのです。それでは、乗り切れる難局も乗り切れません。

だから、自分自身を信頼できるようになる必要があるのです。

自分自身と本当に仲良くなれば、神様があなたをえこひいきする

以上、「感謝のこころ」「気づくこころ」「信頼のこころ」についてお話ししましたが、この「三つのこころ」、つまり「感謝」「自信」「信頼」で大切なのは、他人に対するものではなく、あなた自身に対するものなんです。

あなたがあなた自身に感謝し、あなたの前進に気づき自信を持ち、あなた自身に嘘をつかず自分を信頼できたなら、あなたの中でものすごい力が湧き上がってきます。

事業をしている人は、すばらしいアイディアや、問題を解決する力が湧いてきますし、病気に立ち向かわなければいけない人は、自然治癒力が高まっていきます。

つまり、あなたが自身と本当に仲良くなることができたなら、神様があなたのことをえこひいきしているのではないかと思えるほど、人生はうまく回り出します。

人様に頼るのではなく、神様に頼るのではなく、まずはあなたがあなた自身と仲良くなる。そうすれば、自然と神様もあなたと仲良くなってくれるようになります。

私たちは「間」に生かされている
――「3・3・7・3呼吸」

「間」を意識する呼吸法

私たちが息をするとき、吸って吐きますね。その切り替わりはどうなっているか、気になさったことはありますか？

実はそこにはほんのわずかな「間」があるのですが、ほとんどの人はそのことに気づいていません。

「間」とは、吸う息と吐く息の間にある微細な「止まった空間」のことです。言い換えるなら、ゆとり、ゼロ、心の道草……といったあたりでしょうか。

試しに1、2、1、2のリズムで30秒ほど呼吸してみると、おわかりいただけます。

きっと息が苦しくなります。過呼吸と同じく、必要以上に換気活動が行なわれるためです。

では、「間」を意識した「3・3・7・3呼吸」はどうでしょうか。実際にやってみましょう。

まず最初に、吸う息と吐く息の間に「間」と、心で思ってください。

それから数字で示すとおりです。

①3拍吸って、
②3拍「間」を取り、
③7拍吐いて、
④3拍「間」を取る。

これを繰り返し行なうのが「3・3・7・3呼吸」です。

こちらも30秒ほど試してみると、「間」の「ある」「なし」の呼吸の違いを体感できるはずです。いつも行なっている呼吸なのに、ほんの少し意識して止めるとなると、何かが違っていませんか？

自分から止めるとなると、慣れないうちは苦しいと感じることもあるかと思いますが、続けるうちに慣れてきますのでご安心ください。

講演会などで皆さんと一緒に行なっていますので、興味のある方はぜひ一度おいでください。お一人でなさるときは、「いーち、にーい、さーん」と数えながらおやりになると、やりやすいと思います。

「間」があるから、生きている実感を得られる

先ほどもお話ししましたが、「間」を意識した「3・3・7・3呼吸」を行なうと、心も身体も健やかになります。

なぜなら、私たちは「間」に生かされているからです。

たとえば、1枚の絵画をイメージしてください。余すところなく、画面いっぱいに

ベッタリと色が塗られた絵画。確かにそういった作品も世の中にありますが、奇抜さやインパクトはあっても、そこには「安らぎ」はあまり感じられないと思います。多くの心に響く絵画には、「間」ともいうべき空間がありますよね。

また、朝陽が昇るシーンや夕陽が沈むシーンを見たことがあると思いますが、注意深く見ていると、夜から朝に切り替わるときも、夕方から夜に切り替わるときも、瞬間的に変わるわけではありません。

暗闇から一瞬の静寂があってから朝陽は世界を照らし、美しく輝いた後、また一瞬の静寂があってから夕陽の残像が消えて夜が訪れたりしますね。こうした空間や静寂こそが「間」です。

人生は、諸行無常で常に移り変わっていきます。その変化の中の切り替わり、明から暗へ、静から動へ、緊張から緩和への切り替わりが「間」です。

私たちはその「間」があるからこそ生きる実感を得られるのです。

だからこそ、絵画の空間や朝焼け前の静寂に安らぎを覚えて感動するのです。それが「間」に生かされていると言えます。

なぜ現代人こそ、「間」が必要なのか？

呼吸をすることは、生きることそのものです。だから、呼吸にも「間」が大切です。詳しく説明しますと、「3・3・7・3呼吸」は、お伝えしたとおり、2つ目と4つ目の3は、息を止めます。つまり、「3・3・7・3呼吸」は、動と静でもあるわけです。実際の「間」はほんの瞬間ですか、意識的に止めることで「間」という感覚を身体感覚に馴染ませていくことができます。

この「3・3・7・3呼吸」を続けていくと、やがて心に静けさを感じられるようになります。その静寂を感じることがとても大切です。

現代人は皆さんたいへん忙しくされています。働き盛りの大人はもちろん、小さなお子さんまで、やれ塾だ、やれお稽古だと忙しく、高齢者もやれ習い事だ、孫の面倒だと忙《せわ》しなくされています。せっかく旅行に行っても、次から次へと名所を巡り、ゆっくりとその場所の美しさに浸ることをしません。

だから、心が張り詰めた状態が続いてしまうのです。それでは、心も身体も休まりませんよ。

変化の中の「間」の静寂の中にいるとき、私たちは心の庵の中にいる本当の自分、本心とつながります。そして、自分の本心とつながったときこそ、宇宙はあなたに大きなパワーを与えてくださいます。そのことは、また第三章で詳しくお話ししますので、楽しみにしていてくださいね。

生きることは、呼吸すること

神様があなたを見捨てるのではなく、あなたが神様を遠ざけている!?

悩みを抱えて苦しみもがいているとき、人は「神に見捨てられた」と口にすることがありますが、神様はどんなときも私たちを見捨てることはありません。

実際は、逆なのです。

目の前で起きる出来事に振り回されて、もうダメだ、嫌だと頭の中が否定の考えでいっぱいになっているとき、人間が自分のほうから神様を遠ざけて切り離してしまうのです。

自分から神様との距離を置いているときの呼吸は、浅い肺呼吸になっています。
ところが肺だけで行なっている呼吸を下腹（丹田）まで使った呼吸にするだけで、あら不思議、「神に見捨てられた」なんて考えはどこかに吹き飛んでしまいます。

呼吸を疎かにする弊害

簡単にできるからこそ、見過ごしてしまいがちな呼吸の質について、繰り返しお伝えしているのは、「生きること」は「息る」ことだからです。そう、生きることは、呼吸することなのです。

私たちは皆、先祖から身体を授かります。身体が在るからこそ、人生という体験ができます。そして、その身体を維持するのは呼吸です。

しかし、呼吸が疎《おろそ》かになると、人生の体験は、急に縮こまったものになります。自分を否定したり、もうダメだとあきらめるネガティブ思考に支配された状態のとき、視野が狭くなり、強迫観念に押しつぶされそうに感じるのは、そのためです。

どんなにつらくても、なぜ目が覚め、呼吸をし続け、水を飲むのか？

「こんな苦労が続くなら、死んでしまいたい」と漏らす人がいます。本当につらくて大変なのだと思います。

でも、どうか授かった命の尊さを思い出してください。あなたの本心は生きたいと思っていることを思い出していただきたいのです。

死にたいと言っている人は弱々しく、苦しい状態から逃げ出したいという氣に満ちています。身体にも生気が感じられないことがあります。

それでもその人は、呼吸を続けています。水を飲みます。それは、神様から授かった身体が、本心が「生きたいよ！」と叫んでいるからです。

それにもかかわらず、「大変だ、苦しい」という思考の中にがんじがらめになってしまって、どんどん自分自身で生気を奪ってしまうのです。

だから、そのような悪循環にはまってしまった人には、祈るような気持ちで厳しい言葉をかけることがあります。

「死にたい、死にたいと、そこまで言うなら、朝目を覚まさないようにしなさい」と。

本当に命の灯火が消えたら、息は止まるし、起きたくても起きられません。いくら言葉で死にたいと言っても、翌朝目覚めるし、息をしているのなら、身体は「生きたい」と叫んでいるのです！　本心は生きて、もっといろんな経験をしたいと訴えているのです！

だから、「3・3・7・3呼吸」をして、本心とつながってください、本心の声を聴いてください。必ず道は拓けてきますから。

なぜ「生きているだけで、誰かの役に立っている」と言えるのか？

どうかこの先の未来を見捨てず、希望を持ってください。悩みがあって気分が優れないときも、食べて、排泄して、息をしている――。

それは、生きているからです。

有名にならなくても、ノーベル賞を受賞しなくても、結婚しなくてもいいし、忘れっぽくても、泣き虫でもいいのです。

生きて息をしているだけで、あなたは、誰かの役に立っているのですから。

「え？　生きているだけで、誰かの役に立っている？」

そうです。生きて息をしているだけで誰かの役に立っています。

心臓の音を聞いたり、脈拍を測ってわかるように、呼吸には波があります。波があるのは、息をするからです。吸って吐くことで、循環して周波を生みます。

つまり、私たちはみんな呼吸をすることで、一人一人独特の周波を発している生き物なのです。

呼吸も周波も目には見えません。見えないけれど、電話やテレビ、ラジオ、インターネットのように通じ合う力を持っていて、見えないけれど、互いに影響し合って生きているのです。

あなたが居てくれることを支えにしている人がいるかもしれない。あなたを大切に想っている人がいるかもしれない。また、生きていれば、これから先の人生でまだまだいろんな人たちと出逢っていけるのです。

どんなに大変なことに直面したとしても、あなたには息ができます。できることがあるのです。

大事なことなので、もう一度言います。

神様は、あなたを見捨てることはありません。いつでもそばにいらっしゃる神様からあなたを切り離しているのは、頭に渦巻く恐れや自分を否定する考えがそうしているのです。

神様はいつでもあなたのそばにいらっしゃいます。だから、しっかりと息をしましょう。息をして生きましょう。

第二章

「見えない力」が悩みを解決する

おヘソで考えると、神様と同じ答えになる

「頭で考える」を優先する習慣が、あなたを苦しめる

人は生まれて成長しながら、実に多くのことを学び、賢くなります。計算ができるようになりますし、母国語どころか、外国語まで勉強することもありますよね。

多くのことを学習しながら、家族や近所、そして学校などで人間関係を通して渡世術を身につけるにつれ、この世で生き残っていくためのノウハウを学んでいきます。

そうこうしているうちに、人は、頭で考えることを優先してしまうようになります。

その結果、良し悪しで考えてしまうようになり、正解を求める考えが習慣化してしま

うのです。

つまり、「考える＝頭を働かせる」ことが普通の状態となっているのです。いつも比較して、正しいほうを選ぼうとします。どっちが多いか少ないか、有利か不利かをあっという間に考えて、自分なりの答えに導こうとします。

なので、「丹田を意識して呼吸しましょう」と口で言っても、言うは易し行なうは難しなのです。

柔道や合気道などの武道は、意識を下腹の丹田まで降ろすよう教えています。また、坐禅や瞑想、ヨガでも丹田を意識することが重要とされています。

こうしたことと無縁の方にとって、「考える＝頭を働かせる」が常識なので、目に見えない意識を丹田に降ろして、さらに「おヘソで考える」というのは、常識破りなことかもしれませんね。

「おヘソ」が教えてくれること

おヘソは、私たち人間にとってとても大切です。

なぜなら、おヘソは胎児のとき、お母さんとつながって命を育んできた非常に重要な部位だから。

母体の中では、誰かと比較して優劣を競う感覚はありません。十月十日の間にすることは、神様から授かった命に感謝して、ご先祖様から授かった身体を育むことだけです。

頭で考えることが習慣となっている現代人にとって、丹田まで一気に意識を降ろすことは馴染みのないことですが、おヘソならイメージできるのではないでしょうか。

無駄な思い込みで、あきらめるなんて、もったいない

学習を重ねてきた結果、「考える＝頭を働かせる」が習慣になり、習慣となってくると、「これが良いのだ」とか、「こうすべきだ」という、厄介な思い込みの罠《わな》にはまってしまうことが多々あるのです。

たとえば、病気。その道の専門家に「胃ガンの家系ですね」と言われたとします。

すると、決して気持ちの良い話ではないのに、お医者様は偉いという思い込みも手伝って、驚くほどすんなりと、将来ガンにかかることを受け容れてしまうのです。

そういう人は、実際に病気になったとき、こう言います。「うちは胃ガンの家系だから、仕方がない」と。自分ではどうすることもできないとあきらめてしまいます。

実にもったいないことです。ご自身の大切な命を思い込みであきらめるなんて、本当にもったいない。

こうなってはいけないのです。

「おヘソで考える」方法と効用

だから、鮮明に思い出せなくてもいいので、いつもおヘソをイメージして、お母さんのお腹の中にいたときのように、物事をとらえてみてください。

両手をおヘソの上に置くと、なおいっそうイメージが膨らみますよ。

浴槽に浸かっているときに行なうと、羊水に浸かっていたお母さんのお腹の中を思い浮かべやすくなります。

おヘソに意識を向けて、ゆっくり呼吸をしていると、次第に身体のあちこちの力が緩んできます。短い時間でも毎日繰り返しやっていると、だんだん慣れてきますよ。そのうち、胎児のように純粋で分け隔てのない、無垢なこころの状態になっていきます。

胎児の時期は、命を授かって、この世に生まれる前の状態です。おヘソは、命をつなぐ唯一の、命綱。命の中心です。「命を育む目に見えない力＝神様から与えられたエネルギー」で生かされた半分神の状態だと言えます。

つまり、おヘソは、生きるための叡智《えいち》の源です。

得手不得手、人間関係、病気やケガの心配もしない。それはとても楽なことだと思いませんか？

その状態はまさしく、神様と同じ。だから、おヘソで考えたときに辿り着く答えは、神様と同じになるのです。

言葉のお薬「痛いの、痛いの飛んでいけ」という真言

「ありがとう」は最高最強の言葉

年齢を重ねると、どこかしら身体に不調が出てきます。ちょっとした段差で転んだり、勝手知ったるわが家でも、ふとした拍子にぶつけてアザをつくったりします。

そんなときに、おすすめの言葉があります。

すかさず「ありがとう」と言ってみてください。

「痛いときに、ありがとうなんて……」そう思ってしまいますよね。

でも、この言葉は、神様と通じるための最高の真言なのです。

古くから「言魂《ことだま》」と言われているように、言葉には魂（思い）が宿ります。

あなたが発している言葉には、あなたの思いが宿るのです。つまり、最高の真言に心から感謝している思いが宿ると、最高で最強になります。

だからこそ、「ありがとう」を言うことで、ぶつけて痛みがあるときでも生きていることに感謝し、「自分はいつでも最高最強の言葉を使えるんだ」と自信を持ってほしいのです。

自信、それは、自分のことを信じている人の心の状態です。自信があるので、心にゆとりがあり、小さなことにくよくよしません。ぜひ、そのように自分自身のエネルギーを引き上げていただきたいと思います。

たとえば、毎日言っている「おはよう」「おやすみ」「行ってきます」「ただいま」「いただきます」「ごちそうさま」という言葉がありますね。それらと同じく、気軽に「ありがとう」と言うのです。そうすることで、「ありがとう」を発する機会が増えると同時に、毎日繰り返すことで習慣になるからです。

あ、痛い！　というときは、「ありがとう」。

習うより慣れろ、です。

最初は形だけでもかまいません。テニスやゴルフを始めたとき、ウエアや道具をあれこれ揃えますよね。ラケットやクラブにまだボールがうまく当たらない時期でも、形があればそれらしい雰囲気が出るものです。

それと同じように「ありがとう」という言葉を1つの形（型）として、毎日習慣的に使うことで、自然と心が感謝する方向へと導かれるようになります。

「言葉の薬」を使うときのポイント

また、「ありがとう」の言葉は、身体的な痛みだけではなく、不安や恐れという心の痛みにも作用します。こうなると「ありがとう」は、言葉の薬ですよね。

どうしよう、どうしようと、頭が怒りに支配されている状態。

そんなときは、言葉の薬「ありがとう」の出番です。「ありがとう」は最高の真言で、恐怖感を緩和させます。

音は目に見えない波動。あえて言うなら、純粋な想い、生命力、治癒力を引き出し誘引する言葉の薬なのです。

この言葉の薬を使うとき、とても大事なことがあります。

それは信じること。自分は最高最強の真言「ありがとう」という言葉の薬を使える存在だ！　という自信です。

たとえば、子どもの頃、転んで膝こぞうを擦りむいたとき、お腹が痛くなったとき、大好きなお母さんが痛い場所に手を当てて「痛いの、痛いの飛んでいけ」と言ってくれただけで、楽になりませんでしたか？　言葉が薬になっていましたよね。

それはお母さんに全幅の信頼をおいていて、「ホントかな？」などと頭で考えたり疑ったりせず純粋に、そのままの言葉の薬を受け容れたからこそ、頭の考えに邪魔されず、身体の治癒力が機能していたのです。

言葉の薬を自由自在に使いこなすコツ

「ありがとう」をすばらしい言葉の薬にする大元は、信じること。

信じるためには、何度もやってみて場数を増やす必要があります。トライ&エラーを繰り返していくと、慣れてきて、タイミング良く言葉の薬を使えるようになるでしょう。

たとえば、誰かが置きっぱなしにしていた物に蹴つまずいてしまったとき、最初はビックリしますよね。それから、ムカムカしてきます。

「誰が置きっぱなしにしたの?」と腹が立ってくるかもしれません。

はい、そのときです!

その瞬間、「ありがとう」と言いましょう。

「一度言ったくらいではまだムカムカしているな」というときは、部活の掛け声のように何度か繰り返してみてください。すると、だんだんリラックスして氣がおさまります。

その状態になると、言葉の薬「ありがとう」が作用して、治癒力が早々に働きます。

ありがとう、打ちどころが悪ければ命を落としていたかもしれないのに、この程度で済んで助かった、と思えるようになります。

100回の「ありがとう」で、あなたは音の平和エネルギーをまとう

人を恨むときに、心で起こっていること

この世の悩みの大半は、人間関係だと言われています。それぞれの思いがあって考え方感じ方が違うのですから、気持ちが擦れ違うとか、思惑が外れるのも当たり前です。状況によっては、騙《だま》された、裏切られたと深く傷つく人もいます。

そんな状況でも、あなたの心を羽のように軽くしてくれる最強の言葉があります。それを唱えるだけで、自動的に神様があなたを応援してくれる、とても「ありがたい言葉」です。

それが「ありがとう」という言葉です。

「え？　そんな言葉で、神様に応援されるの？」

そうなのです。数秒で言えて、特別な手続きもいらないし、お金もかかりません。

たくさんのことを学習してきた脳は、良し悪しを分別しようとします。だから、あなたを騙したり、傷つけた人、気持ちをわかってくれなかった人のことを悪い奴だ、憎たらしいと考えてしまいます。

人を恨んでいる心の状態は、自分のルールの中で善悪の価値判断をしているのです。あいつは悪いと考えているとき、あなたは相手を加害者にしていて、同時に自分を被害者にしています。

自分を被害者の立場から解放してあげる方法

でも、被害者のままだと、誰かを恨み続けることになるのです。

二度とないあなたの大切な人生を恨みで満たすのはどうでしょう？

毎日暗い気持ちで被害者として過ごしたくはありませんよね。

ここであえて「ありがとう」と言って、自分を被害者の立場から解放してあげるという方法をご提案します。やり方は簡単です。

まずは何も言わずに微笑んでみてください。表情が引きつっていてもいいので微笑みましょう。すると表情筋が動いて、幸せホルモンと言われているエンドルフィンが分泌されます。

口角を上げるだけでその効果があるのですが、さらに言葉で「ありがとう」と言ってみてください。「り」を発音するとき、母音は「い」なので、口を横に広げることになります。それで自然と口角が引き上がってダブルの効力があります。

無表情に言うこともできるので、口先だけで言った場合と表情筋を動かした場合、この2つを試してみてください。気持ちが全然違うはずです。

「ありがとう」を繰り返し言うと得られる、すごいメリット

ただ、すごく怒っているときなどは、「ありがとう」と言うのはなかなかできない、抵抗がある、という方も多いと思うので説明します。

「ありがとう」と言うと、頭の中の恐れを緩和させ、怒りを鎮め、氣を落ち着かせてくれる。別の項目でそのようにお伝えしましたが、実はそれだけではありません。

神様が喜んで後押しをしたくなる、最強の言葉「ありがとう」を繰り返し言うことで、音を発しますよね。それは波動として「ありがとう」という目に見えないベールをつくることになるのです。

マリリン・モンローは、シャネルの5番を身にまとって寝たと言われていますが、あなたは「ありがとう」を身にまとい、ありがとうという目に見えない、音の平和なエネルギーに包まれることができます。

すると、少しずつですが相手を許す気持ちが芽生えてくるのです。

相手を許す気持ちが芽生えるメカニズム

そうお伝えしても、疑問に思われるかもしれませんね。「ありがとう」と言う、その音の波動を身にまとう、たったそれだけでなぜ許すことができるのか、と。

騙された、傷つけられたと思って人を恨んでいるとき、嫌な体験が何度も思い出されて、頭の中はストレスと被害者意識でいっぱいになっています。そんな考えを持っているときは、善悪の価値判断が働いているので、頭の考えは「自分は正しい、優等生だ」という考えに固執しています。

でも「ありがとう」を繰り返し唱えるうちに、あることに気づくのです。

それは、「自分にも嫌な部分があったな」ということです。そのように自分のことを省みる平静な状態になってくると、自分や相手を含めた出来事を客観的に考えられるようになります。

「ありがとう」を唱え続けるなんて、おそらく最初はバカみたいだと感じることでしょう。だけど、ありがとうを唱えながら、怒り続けられる人はいません。

今度怒りを感じたとき、ぜひ「ありがとう」を100回唱えてみてください。たぶん、60回くらいまでは、何をやっているんだろうという気分かもしれません。でも、70回、80回と唱えていると、ある瞬間、気づきが訪れます。

起きた出来事を客観視できるようになり、事態を受け入れる心の豊かさが現れます。目には見えませんが、確実にあなたの気分は変わります。それで、いつまでも被害者なんかでい続ける意味はないと悟って、相手を許せるようになるのです。

それでも納得がいかないという方は、恨みつらみの罵詈雑言《ばりぞうごん》を言い続けてみましょう。大丈夫です、それで罰を与えられることはありませんので、思いの丈を吐き出してください。

なぜかというと、その言葉は自分がいの一番に聞いているから、楽しくないのです。人をさげすむ言葉を連ねている自分に嫌気がさします。そうなったとき、「ありがとう」を言い始めても決して遅くはありません。

ではおさらいします。

怒る、ありがとう、微笑んで口角上げる、バカバカしくても続ける、気づく、受け容れる、許す。そうすることによって心の痛みが和らいでくるという流れです。

神様は、「原因を自分の内側に求めなさい」とおっしゃいます。

「自分が嫌な思いをしたり、傷ついた原因は相手にある」と思い込んでいるときには辿り着けない許しの心。

それは「ありがとう」を身にまとうことで到達できます。

1000人以上の大応援団が、いつもあなたを応援している

ご先祖様は、常にあなたの幸せを祈っている

苦しいときや困りごとがあったときに、「この世の中には神も仏もないのか」と思ってしまう……。あなたにも心当たりはありませんか？

それは、電波は来ているのに受信がうまくできていない、受信装置が壊れたラジオと同じ状態です。

人間が気づかないだけで、ご先祖様は24時間365日あなたの幸せを祈るような思いで支援していらっしゃるんですよ。

信じられない。生前のお父さんは自分勝手でひどい人だったという方も、どうぞご安心ください。他界されたご先祖様の霊には情がないのです。

「え？　情がないのに、なぜ応援してくれるのか？」と不思議に思うかもしれませんね。

情とは感情のことで、喜怒哀楽です。他界されたら49日かけて、生前のあらゆる感情を振り返り、それから霊界に旅立ちます。現代まで四十九日の法要が語り継がれ行なわれているのは、故人を偲《しの》んで本当の意味でのお見送りをするためなのです。

この地球で生きるための身体を離れる「死」。次いでこの世の感情という見えない衣を脱ぎ去る期間が四十九日あるのです。つまり、生前どんなに激しい気性の方だったとしても、49日過ぎると感情的な存在ではなくなるわけです。

では、いったいどんな存在になっているのか？

子孫の幸せや繁栄を祈る存在としてあなたを応援し、愛のエネルギーを注ぐ先祖霊という存在です。言うなれば、あなたの幸せを祈る応援隊。

すごいことではありませんか？

あなたが何をしていようと、応援してくれる存在がいるのですから。

ご先祖様とつながる方法

では、どのようにしてご先祖からの愛を受けたりつながったりできるのか、気になるところでしょう。

その仕組みは、簡単でシンプルです。

手を合わせて、

「ありがとうございます。どんなことがあろうと、あなたは私を見守ってくださっている」

そう心に思うだけでつながることができます。

お父様を早くに亡くしたとおっしゃる方も「寝る前にいつもありがとうと言うと、心が落ち着く。一人じゃないんだという温かい気持ちになれる」と話されていました。

たとえ見えなくても、ご先祖様から盛大に応援されていることを忘れないでくださいね。そうすると、一人じゃないし、寂しくないし、つらくないし、頑張る意欲が湧いてきます。

実はあなたを応援しているのは、ご先祖様だけではないのです。遠縁の方の霊もその仲間です。遠縁というと、直系ではないけれど、家系の中におられる方ですね。

では、ここでちょっと頭を使って計算してみましょう。

ご両親が亡くなったら、他界されたご先祖様は2人です。二代前まで遡ると、ご両親に加えてそれぞれの両親で累計6人。十代遡ると実に2046人。二十代遡ると驚くなかれ、ご先祖様の累計は200万人以上になります。

そうなってくると、兄弟、親戚、身内だけという世知辛さはないのです。

助けを求めるのではなく、○○をする

いかにスケールの大きな応援団があなたを応援してくださっているかおわかりいただけましたか？

ところがせっかく、自分はこんなに多くのご先祖様に応援されているのか、すごいじゃないかと感謝してみても、「あの人は気に入らない」とか、「なぜもっとこうして

くれないのか」といった感情が作用すると、私たちは途端に感謝する気持ちは消え、「ありがとう」と言うことを忘れてしまうものです。

感謝する習慣が身につくまでは、うっかり気を抜くと、日常の不満や文句で頭の中をいっぱいにしてしまいます。好き嫌いや偏見、思い込みで分け隔てる考えがむくむくと頭をもたげてきてしまいます。

ご先祖様からの愛情が降り注がれているのに、そうやって遮断してしまうのは、本当にもったいないことです。

では、「助けを求めてはいけないのか？」という疑問を持たれるかもしれませんね。

はい、そうです。助けを求めたりお願いするのではなく、あなたの決心したことを宣言してください。

「私はこんなことをします」と。

そうすると、「そうかそうか、じゃあみんなで精いっぱい応援させてもらうよ」とご先祖様は愛を注がれます。目に見えないだけで、いつもいつもあなたの幸せを祈り、愛を注ぐ多くのご先祖様方に感謝して、ありがとうの言葉でつながりましょう。

見えない力「想念」の状態なら、キャンセルできる

嫌なことを言われたときに、嫌な気持ちをすっきりさせる呪文

「売り言葉に買い言葉で、余計なことを言ってしまった」という経験は誰にでもあると思います。

過去を変えられないのと同じように、一度口から出した言葉は、飲み込むことも消しゴムで消すこともできません。だから、誰かに何かを言われても、すぐにオウム返しで反論しないように気をつけてください。

オウム返しで反論すると、今度はまた先方もオウム返しで応戦してきてこじれるだ

けですから。

誰かに何かを言われても、いったん飲み込むのです。無益な言い争いは避けてみてください。

でも、そうすると嫌な気持ちだけが残って、すっきりしませんよね？

安心してください。その気持ちは、キャンセルすることができます。

方法は簡単です。

妬《ねた》みや、悪口、不安、恐れなど、一般的に嫌な考えと言われることが頭に浮かんだ次の瞬間に「キャンセル、キャンセル、キャンセル」と口に出して言うだけでいいのです。

「えっ、それだけ？」と思うかもしれませんが、基本的にはそれだけで嫌な気持ちはキャンセルされてしまいます。

その嫌な気持ちをつくり出している犯人は誰か？

なぜキャンセルすることができるか、わかりますか？

それは、あなたの頭の中に浮かんだ嫌な考えはすべてあなた自身がつくり出したものだからです。あなたの頭の中でつくり出した考えや気持ちですから、あなた自身が書き換えることも、キャンセルすることもできるのです。

そういうと「私が自分で嫌な気持ちをつくり出すはずがないじゃない」と思うかもしれません。

でも、実際に嫌な気持ち（想念）をつくり出しているのは、あなた自身なのです。

たとえば、友だちに欠点を指摘されて嫌な気持ちになったとしましょう。

そういう想念が湧き上がってきたのは、本当にその友だちのせいですか？

ひょっとしたら、その友だちはあなたに心から良くなってほしいと思って、深い愛情からその言葉を発してくれたのかもしれません。

その気持ちに感謝して「私のことを心から思ってくれる友だちがいるなんて、私はなんて恵まれているのだろう！」と考えるか、「私の欠点を指摘するなんて、意地悪で嫌な人！」と思うかは、他ならぬあなた自身です。

もちろん、嫌な気持ちになってしまうことがあるのは仕方がありません。それはあなたが生まれてから今まで教えられたり、体験してきたありとあらゆるもの——ご両親の教え、先生の教育、お友だちの影響、ニュースなどメディアの情報——の影響を受けた結果、起きた気持ちです。

大切なのは、それはあなたの中で起きたことなのですから、あなた自身がその気持ちを上書きできることです。

キャンセル力を強力にする秘策

先ほども申し上げたとおり、嫌な気持ちの上書きは、「キャンセル、キャンセル、キャンセル」と3回、口に出して言うだけでできるのですが、ここで、キャンセルの力をさらに強力にするコツをそっとお伝えしますね。

それは、キャンセルするときに、ちょっとした手の動きを加えるのです。

やり方は簡単なので、すぐに覚えられますよ。

◎右手を左（神）から右（我）に向けて、手をサッと祓《はら》うように動かす。

◎指先だけのささやかな動きでＯＫ。

たったそれだけのことで、気持ちが嘘のように引いていきます。

嘘だと思うなら、最近あった嫌な出来事を思い浮かべてみてください。

そしてまず最初に「キャンセル、キャンセル、キャンセル」と口に出して言ってみてください。

いかがですか？　少しは嫌な気持ちが薄れましたか？

では、左の動画にあるように、右手を左から右にサッと祓うように動かしながら、「キャンセル、キャンセル、キャンセル」と言ってみてください。

嫌な気持ちがいっそう薄れてきませんか？

そうなんです。こうやって手の動きをつけると、キャンセルの効果がいっそう強くなるのです。

「キャンセルの仕方」の動画はこちら⇒
https://youtu.be/0Chaty7ygrQ
右手を左から右にサッと祓うように動かしながら、「キャンセル、キャンセル、キャンセル」と言葉を発する。

なぜ手の動きがあると、楽になるのか？

こういうことをお伝えするとすぐに「なんで効果が上がるんですか？」と質問する人がいます。それがいけないんです！　私たち現代人はすぐに頭で考えて理解しようとしてしまいます。その結果、身体や心が伴わないことが起きてしまいます。頭だけで考えていては、気持ちがついていきません。

手の動きをつけて「キャンセル、キャンセル、キャンセル」とやったほうが気持ちが楽になるなら、理屈なんてどうでもいいじゃないですか。

考えるよりも、感じることを大事にしましょうよ。

そうは言っても、理屈も気になりますよね。そういう方のために今回は特別にそのお話もしましょう。

先ほどもお話ししたように、嫌な気持ち、想念の元になるものは、あなたがこれまで教えられたり体験してきたことが、心の奥底の潜在意識と言われるところに溜まっています。

普段起きて生活をしているときは、その潜在意識とつながることは難しいのですが、先ほどお教えした「キャンセル、キャンセル、キャンセル」の手の動きをつけると、自然に頭もそのリズムに合わせて、少し動き独特の波動を生み出します。

その波動が、あなたをあなたの潜在意識とつながりやすくしてくれます。

そして、嫌な気持ちを引き起こす想念に直接働きかけることによって、実際に起きている現実と「嫌だ」と思う気持ちを切り離してくれるわけです。

だから、簡単にキャンセルできるようになるのです。

とにかく嫌な考えが浮かぶたびに、「キャンセルする」習慣を身につけてください。気づいたら、キャンセル。また考えを見つけたら、キャンセル。

そのように、負の思考へのキャンセルを継続していくと、「嫌だ」という感情を持つことなく、ただそこにある現実を冷静に見つめることができるようになります。すると、不思議とその問題の解決策がふっと思い浮かんだり、あるいは、そもそも何の問題もなかったことに気づくことができるようになります。

だから、嫌なことがあったら、とにかく「キャンセル、キャンセル、キャンセル」です。

ネガティブ思考は単なる習慣だから、自分を◯◯すれば問題も解決する

単なる思考のクセだから、変えられる

あなたは褒められることと叱られること、どちらが好きですか？

そりゃ、褒められることのほうが好きですよね。人間は本質的に楽しいこと、幸せ、褒められるのが好きな生き物です。

それなのに、頭では厳しくきちんとしなくてはいけないと、自分を叱っていませんか？　楽しくないことや、不幸を感じる考えを巡らせたりしていないでしょうか？

無意識に楽しくないことを考えてしまうなら、あなたには「物事を悪いほうに捉えたり考えたりする習慣がある」と言えます。ネガティブ思考とも言いますよね。

最近では「ポジティブ思考がいい」とよく言われるようになり、ネガティブなことを考えてしまうと、「ああ、私はなんでいつも物事をネガティブに考えてしまうのだろう」と自分を責めてしまう人がいます。

でも、断じて自分を責める必要はありませんよ。なぜなら、それはあなたの考え方のクセに過ぎないからです。

あなたがこれまでの人生で影響を受けてきた、両親、学校の先生、友だち、メディアの情報などによって培われた考え方の習慣に過ぎないからです。

だから、もしその習慣が嫌なら、変えてしまえばいいだけの話です。

考え方の習慣を変える第一歩

習慣は、私たちの生活に根付いていて、細々した選択に影響を与えます。ご承知のとおり、人は一日にたくさんのことを考えて、そのたびに「どうするか」を選択しています。

だから、習慣になって自動運転されている考えは、人間関係にも大きく影響します。

「自分は親に理解されていない」「嫁が自分を嫌っているに違いない」「あの人は自分を馬鹿にしている」など、頭の中は思い込みでひしめき合っています。

考え方や受け止め方の習慣を変える第一歩は、自分を褒めることから始まります。なぜ自分を褒めるといいのでしょうか？

人は褒められるとうれしいものです。ましてや、自分が大切に思っている人から褒められるとうれしいですよね。実は、自分自身が一番大切にしたいと心の底で思っているのは、自分自身なんです。だから、自分のことを褒めてあげることが大切なんですね。

自分から褒められると、不思議なもので、自信が少しずつついていきます。自分のことを信頼できるようになってくるのです。すると、他の人やまわりの人に惑わされなくなります。これが本当にできたら、それはまさに悟りの境地に至ったのと一緒ですよね。

自分のことを信頼できるようになると、自分自身に感謝できるようになります。自分自身に感謝できるようになって初めて、他のいろいろなものにも感謝できるようになります。

よく「感謝が大事だ」と言うと、他のものにばかり感謝して、自分自身への感謝を忘れてしまう人がいますが、まず大事なのは、自分自身への感謝ですよ。忘れないでくださいね。

人に傷つくようなことを言われたら、急須がヒントを教えてくれる

それでも誰かから心ないことを言われたり、キツイ態度を取られるとシュンとしてしまって、自分のことを褒められるような状態ではなくなってしまうこともあるものです。

そんなときは、急須を取り出して、目の前に置いてください。

「えっ、なんでいきなり急須なの？」と答えを慌てなさんな。

まず目の前の急須を手に取って、上から眺めてみてください。

次に、フタが落ちないように押さえながら、ひっくり返して裏から見てください。

次に注ぎ口から、次に取っ手からと、さまざまな角度から急須を眺めてみてください。

いかがでしたか？　同じ急須でも見る角度によってまったく違うものに見えてきませんか？

でも、どれも同じ急須を見ているんですよ。

人間も同じことです。

もし誰かに何か傷つくようなことを言われたら、急須をひっくり返すように、その会話を別の角度から眺めてみてください。

いろいろな角度から眺めてみてください。そうすると、自分の欠点がわかるかもしれませんが、同時にいいところも見えてくるはずです。

同じように相手のいいところにも気づいてきます。相手が自分を否定しようとしているだけではなく、本当は応援しようとしてくれていることに気づくかもしれません。あるいは、実は問題はあなたにあるのではなく、その方にたまたま嫌なことがあって、機嫌が悪かっただけだと気づくかもしれません。

いずれにせよ、物事は一面を見ているだけではわからないことがいっぱいあります。だから、急須をひっくり返して、いろいろな角度から見てみることが大事なんです。その結果、自分のダメなところも見つかるかもしれません。でも、必ずいいところも見つかります。そうしたら、いいところもある自分のことを褒めてあげてください。

そして、そんないいところを持って生まれることができたことに感謝しましょう。

人間は本質的に楽しいこと、幸せ、褒められるのが好きな生き物です。

だから、自分を褒めてください。

考え方受け止め方の習慣を変えていくと、毎日自分を褒めることが増えていくことでしょう。すると、自分にも人にも優しく思いやるこころが育っていきます。そうするうちに、自然と問題は解決しているはずです。

運動が、停滞していた「運」を動かす

空気と運の共通点

運動と聞くと、健康維持のため、ダイエットのためにするといったイメージを持たれる方が多いかもしれません。「私は運動は苦手だし、もう年だから」と敬遠される方もいるでしょう。

でも、健康維持やダイエットとは違う運動の効用を知れば、「あら、早速やってみようかしら」という気になると思いますよ。

実は、運動をすることで、停滞していた運を動かすことができるのです。

なぜ運動をすると「運」が動くのでしょう？

運動は「運」を「動かす」と書きますよね。そうなのです。普段のちょっとした運動が「運」を動かして、「運氣」という目に見えない波動の流れに乗ることができるようになるのです。

そもそも「運」とは、固定されたものではありません。空気は常に動いていますよね。空に浮かんでいる雲も、形を変えながらずっと動き続けています。

運も同じで、大自然の一部で動く性質を持っているのです。動く性質を持っているのに、じっとして動かない状態では、効力を発揮することができません。

腹式呼吸で、内臓を動かす

さて、それでは「運動」のイメージを変えるようなお話をしましょう。

一番簡単で、今すぐにでもできる運動。

それは、「腹式呼吸」です。

腹式呼吸は、手の届かない内臓の運動になるからです。

腹式呼吸をすることで、体内には多くの酸素が取り込まれます。血液を含めたあらゆる体液の巡りも良くなりますよね。

近年では、目には見えないけれど、内臓同士が密に交信し合っているという説もあるそうで、身体意識のすばらしさが注目されています。仮にこの説が正しいとするなら、腹式呼吸をすることで、目に見えない力を動かすことになり、身体の持つ力が強力に働くようになります。

この状態が、運を動かすスイッチとなるのです。

思考主体から身体主体に切り替えるメリット

そのスイッチは、いつもなら頭で考えることを主体として動いている状態から、身体の持つ力を主体とした状態に切り替えていくという作用を起こします。そうしたとき「運」が動き出すのです。そして多くの場合、身体主体のスイッチが起動すると、直感が冴えてきます。

たとえば、アイディアを出そうといくら頭をひねっても一向に浮かばないときは、いったん切り上げて、運動してみましょう。

頭で考えていると、「前はこうだった」「あのときはうまくいったからそれをアレンジしたほうがいいんじゃないか」「今求められているのはこういうことだから」と、過去の成功体験や失敗体験の記憶を総動員しようとしてしまいます。すると、新しいアイディアではなく、バラバラに思い出される過去の記憶に基づいた余計な考えが次々に浮かんでしまいます。

その結果、頭の中の迷路で右往左往してしまって、時間がかかるわりには何も成果が出せないことになります。

逆に、思い切っていったん作業を切り上げて運動すると、気持ちの切り替えにも一役買ってくれます。

速足のウォーキング、筋トレでもストレッチでもいいですね。

集中して身体を動かしているときは、モードが切り替わってデスクワークに没頭しているときのように頭が働かず、あれこれ考えられません。

「仕事に行き詰まったとき、スポーツジムで思いっ切り身体を動かすと頭がスッキリして、そうか！　こういう考えでいいんじゃないか！　と思った」と話されていた方もおられます。

そんなふうに、運動すると、思考の迷路から自力で脱出できます。

身体を動かすことで、運を動かす

仕事でも勉強でも、長時間同じ姿勢でモニターとにらめっこしていると、身体も氣も固まってしまいますよね。勤勉さもいいのですが、体液の循環が悪くなっているときに頑張っても、脳の働きが悪くなりますし、成果はなかなか出ません。

卓上論議だけでは、何も始まらないのと同じです。

ビジネスで結果を出すためには、アポイントの電話をかけるとか、実際に出かけて行ってお客さまに提案するなど実質的に動くことが必要ですよね。

あなたが主婦なら、いつまでにどうするか具体的な目標を立てて断捨離をしてもいいのです。

その場合は、身体のみならず、家の中の物も動かすことになるので、相当「運」が動き出します。成功者の多くは、必ずと言っていいほど大規模な断捨離をしているそ

「天明流四季の気功～木火土金水～」
の動画はこちら⇒　https://youtu.be/n4sAHLFBn1g

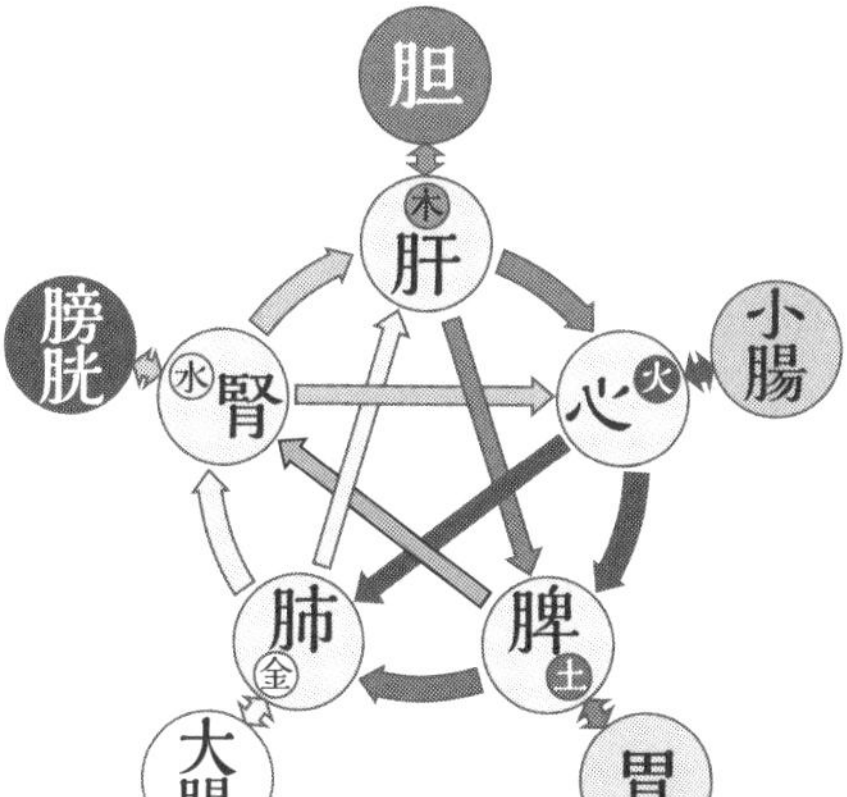

肝臓：春／心臓：夏／脾臓：土用／肺：秋／腎臓：冬

うですよ。無駄なものを排除するという意味では、ダイエットとも言えますね。

具体的な目標を掲げる場合、現実的な自分とかけ離れているより、少し努力することで届きそうな目標にすることをおすすめします。大志を描くことは悪くありませんが、あまりに大きな目標の場合、なかなか到達できず、途中であきらめたり挫折することになりがちだからです。

頭だけで考えた目標にこだわらず、ここでもやはり身体を無視してはいけません。

運を動かしたい一心で無理をするのは身体に負担を与えるので、逆効果になります。

運氣の「氣」も、機会の「機」も逃すことなく、運を動かすなら、あなたなりの体力と、スピード感（歩幅）で、リズミカルに、着実に、運を動かす工夫をしてください。

第三章

「3と97の法則」で神様が微笑む

苦悩は、脳のたった3%による勘違い

脳の勘違いが、あなたの行動を支配している!?

誰しも「得しちゃった」とか「ツイてる!」といううれしい体験をされたことがあると思います。

行く先々の信号が青だったとか、買うのをためらっていたものがどうしても気になってショップに行ったら値下げされていたとか。そういう些細なことでも気分が上がるものです。

反対に、「喜びをもう一度」と願ったけれど叶わなかった経験もあるでしょう。

世の中そう甘くはないものだと結論づける前に、そのカラクリを知りたいと思いませんか？

実は、出来事自体は、あなたの気分に関係なく起きているのです。

言われてみればそうだなとおわかりですよね。信号は青、黄、赤と時間で変わるようになっていますし、商品の値下げもお店の都合です。

ただ、そこにあなたが居合わせて「得した」と感じたのです。その逆だと、「得することばかりじゃない。世の中そんなに甘くない」というふうに考えてしまいます。

その考えは、あなたの脳が出来事を自分寄りに感じて思考したものです。つまり、脳の勘違いによるものなのです。

ご存じのとおり、脳は身体全体の司令塔で、身体を動かすすべてを統率しているすばらしい臓器です。それゆえに、脳は、人の行動の発端となる考えにも大きな影響をもたらしています。

そのことを「3と97の法則」で説明しましょう。

3は脳で考える思考で、見えることを信じます。一方、97は最善の方法を知っている感覚で、目には見えませんが、直感やひらめきとして感じることができます。

たとえば、何の前触れもなく人気のスイーツ店に行ってみようと、ふと思ったとします。

これは、97がもたらす直感です。

しかし、次の瞬間、でも2時間待ちは当たり前とネットに書かれていたから、待つのも並ぶのも大変だし、行くのはやめたほうがいいと考えるのが3の思考です。

もしこのとき、97の直感を信じて動いていたら、運良く並ばずに人気のスイーツを手に入れられるかもしれません。でも、3の思考を採用して動きにブレーキをかけていたら、運がいいという体験も人気スイーツも得られません。

このように、脳による3の思考は、物理世界で得たごく限られた情報の中から検索して結論を出すのですが、基本的にチャレンジを好みません。ダメかもしれないなら行動しない安全圏を選びます。そして、行っても無駄だという結論を繰り返し思考としてアナウンスするのです。

さらに脳は、何度も同じ考えを繰り返されると「そういうことなのだ」と信じてしまうのです。

この仕組みによって、脳の思考が「困った、困った、苦しい、苦しい」と連呼するので、「そうだ、自分は困っているのだ」と脳の勘違いが起きるのです。

しかし、脳は司令塔の役割を果たそうと働きます。すると、身体全体のたった3％である脳の思考が「大変だ、困っている」と勘違いしたまま、あなたという人の全体を支配してしまいます。

その結果、まだ現象として何も起きていないうちから、こうなったらどうしようと悩んだり困ったりするのです。

脳の3％の思考を切り離すと、直感やひらめきが冴える

そんな脳の勘違いで苦しい時間を長々と過ごすなんて、嫌ですよね。

だから、悩みがあったら、「3の思考が自分のすべてではない！」と考えてみましょう。「頭の中で繰り返されている負の考えが繰り返しアナウンスされているだけだ」と自分に言い聞かせて、この考えはたった3％の脳の思考だと気づいてください。

たった3％の脳の思考が勘違いしているのですから、ひらめきや直感を知っている

感覚の97を脳の思考の支配からいったん切り離すのです。

どうやって切り離すのでしょうか。それは「3と97の法則」の実践です。

呼吸法で心を平穏に保ち、瞑想することで視野を広くするのです。

そうすることで、あなたの身体に備わった97のあなたの本質的な心が発信しているサインを受け取れるようになります。

そのサインとは、直感であり、ひらめきです。

実際のところ、あなたという人は、首から上だけで存在しているわけではありません。身体があります。すばらしい機能を持った脳でも勘違いが起きることを知っていてください。

脳が処理する情報は、これまでの経験や学習してきたことなどの既知のもので、膨大ではありますが有限です。

しかし、身体に備わった97が取り扱う情報は無限。未来の、目に見えない情報までもそこに含まれています。

これまであなたを悩ませていたのは、たった3％の脳の勘違いだったのです。

この勘違い、そして思い込みが悩みをつくり出していたのです。

「自分の子どもは、他の子に比べてできが悪い」「うちは貧乏だ」など、社会的な比較も、勘違いと思い込みによる思考が発端となっています。

子どもの成績が今ひとつだったとしても、それで未来が確定しているわけではありません。その出来事に対して「ああ、ダメだ」と反応したことが、脳の思考で繰り返されて勘違いしているだけなのです。

過去は変えられないので、いったん結果として出された成績の評価自体は変わりませんが、3から97へ、スイッチを切り替えておおらかな気持ちで受け止められたとき、お子さんを叱り散らすのではなく、能力を信じて応援する温かな気持ちになることでしょう。

3で生きると、「すり減って、流されて、疲弊する」

脳の思考する3を頼りにして生きる人

子どもの頃、「人を見た目で判断してはいけません」と教えられますが、そうは言ってもねぇ……と思ってしまいますよね。

人の第一印象は、見た目から入ってきますし、身なりを整えることの大切さをずっと説かれて大人になったわけですから。それに加えて肩書きというものも、人を見る材料になっているのが実際のところです。

しかし、たとえ偏差値の高い学校を卒業してエリート街道まっしぐらの人だとしても、なんとなく暗くて近寄り難い雰囲気の人では、なかなか好感は持たれません。そうなると異性との縁もないでしょうし、有名校出身と言えども上には上がいるので、同期会に行けば華々しい活躍をしている同級生の姿を見るのがつらいということもあるでしょう。

実際に、そのようなことをおっしゃる方にお目にかかったことがあります。

学生時代は、偏差値が自分の評価だったのでしょう。しかし、社会に出ればそうはいきませんよね。いくら賢くても、コミュニケーション能力の低い人は評価されにくいものです。学生時代に優等生で過ごしてきた方は失敗の経験も少ないでしょうし、正解を求めることに慣れていると、脳の思考する3を頼りに生きることが習慣となってしまうのではないでしょうか。

「便利さ」によって鈍くなるもの

また、便利な道具に囲まれた子育てをされている方も、同じく脳の思考する3に頼っています。

今の時代、通気性と吸収率の高い紙オムツがあるので、昔と違ってとても便利になりました。

しかし、そのおかげで、お子さんが尿意を示しているかどうかではなく、オムツの取り替えサインを示す印をチェックすることに注意が向いているお母さんたちが多くなってしまっています。

確かに便利かもしれませんが、お子さんの様子ではなく、オムツに関心を持って育てるようになっていないでしょうか？

このことによって、お母さんがきちんとお子さんのことを観察できなくなってしまい、本来のコミュニケーションが取れなくなってしまっています。自分の一番大切な子どもとのコミュニケーションも取れないのですから、ましてや、他人とのコミュニケーションは推して知るべしですよね。

またこうした傾向は、お子さんにも影響を及ぼしてしまいます。

臀部は感覚が身体で一番鈍いところです。それゆえに、ここが鍛えられると感性は鋭くなります。

布オムツで育つ赤ちゃんにとって、お尻がおしっこで濡れることはかぶれてしまうことも意味するので、おしっこがお尻についているかどうかは、敏感に感じ取る訓練になります。

でも、高性能の紙オムツだと、濡れて気持ちが悪い感じがしません。その結果、感覚が鍛えられないのです。

今、3歳から5歳まででオムツが取れない子が多いのですが、それは紙オムツを使っているがゆえの鈍感さから来ているのだと思っています。

目に見える表面的な3の世界で見て考える弊害
――わが子の家庭内暴力で悩む母親の相談から

少子化時代なので、育児本もネットの情報もあふれています。巷にある良いとされる情報やツールばかりを使って、うちの子は他の子より成長が遅いだの、あれができないだのと比較に忙しく、心をすり減らしている親御さんも少なくはないと思います。

でも、子育てにとって一番大切なのは、頭の3で考えることよりも、97を使って子どもの本心を感じ取ることなのです。

以前、お子さんの家庭内暴力で駆け込んできた方がいました。お母さんの話によると、お子さんは一生懸命勉強をしていたのですが、自分で思うような成績が取れず、腹いせに家の中で大暴れしていたそうです。

大暴れと言っても、生半可なものではありません。180センチ以上もある身体の大きな運動選手でもある高校生がビール瓶を叩き割り、150センチしかないお母さんの首根っこを掴み、割れたビール瓶をお母さんの首に当てて大声で叫ぶのです。お母さんは命の危険を感じたことでしょう。

それでも私は、良い成績が取れないで暴れているというお母さんの見立ては、「頭の3の部分で思考している勘違いだな」とすぐに気づきました。

そこでお母さんに「その子を育てたのは、誰ですか？　誰のせいでそうなったのですか？　その子に殺されるなら仕方のないことではありませんか？　責める前に、まずはお子さんに謝りなさい。こんなふうに育ててごめんなさい、と土下座して謝りなさい」と申し上げたのです。

そのお母さんは立派でした。きちんと私の言ったことを実践して、命を賭して暴れるお子さんに「ごめんなさい」と謝ったのです。

そうすると、どうでしょう、それ以降、そのお子さんの暴力行動がピタッと止んだのです。

その話を聞いて、私は「やはりな」と思いました。なぜなら、お子さんの暴力行動の本質は、成績が悪いことに対する腹いせではなかったからです。お子さんは、単にお母さんにきちんと自分と向き合ってほしかっただけだったんです。

その家は、裕福なご家庭でした。スポーツをやるとなれば一流のコーチをつけ、勉強でもいい家庭教師をつけるようなご家庭でした。

でも、お子さんが欲しかったのは、いい指導者ではなかったのです。自分の母親に自分と向き合って愛してほしかっただけだったんです。だからお母さんが、命がけでお子さんと向き合ったら、すべての問題が解決してしまったわけです。

知識は、本心を覆い隠すときがある

このケースのように、目に見える表面的な3の世界だけを見て考えてしまうと、物事の本質が見えず、苦労だけしてすり減ってしまうことがあります。

でも、本心とつながる97の世界で物事を感じ取ると、すべてが一瞬で解決してしまうこともあります。

知識を持つことはすばらしいことですが、知識が入りすぎると、本当の自分がわからなくなってしまうことがあります。

学んだことで自分を納得させようとしてしまうからです。

これは、有名な画家が描いたからすばらしい絵なんだと思うことと似ています。でも、どんなに高名な画家が描いた評論家から絶賛される絵でも、あなたの心が動かなければ、それはあなたにとって大した価値はありません。逆に、無名の画家の描いたものでも、子どもの落書きであっても、あなたの心が揺り動かされれば、それはあなたにとっての名作なのです。

そこに理屈はいりません。夕焼けを見て感じる言葉にならないすばらしさと同じです。そこにあなたの本来の心、本心が隠されているのです。

そして、あなたの本心が物事の本心とつながったとき、物事はあっという間にしかるべきところに収まります。問題も自ずと解決していきます。

本心に従えるようになる方法

では、どうやったら本心に従えるようになるのでしょうか？

それは、何かを決めなければいけないとき、まず頭と心の両方に聞いてみましょう。

「理屈的にはこうするべきだ」「常識的にはこうしなくてはいけない」と答えるのは頭の声です。逆に、「よくわからないけど、絶対にこれはしたくない」「非常識だとは思うけど、こうしたい」というものは心の声です。

この「頭の声」と「心の声」が別の答えを出したら、心の声を優先させてください。怖いかもしれないですが、心の声を優先させるようにしていけば、本心とつながって、97のパワーを味方につけることができるようになっていきます。

自分という字は「自らを分かつ」と書きます。

3は賢いあなたで、97は本心のあなたです。

より大きなパワーを持っているのは、本心のあなたです。勇気を持って賢いあなたを手放すことを試してください。

宇宙のパワーを味方につける、97の本心で生きる生き方

脳の役割と新しい体験は反比例する？

何か誘いを受けたとき、たとえば小旅行など、直感的に「参加する」と決めたものの、あとになって気持ちが揺れて迷ったという経験はないでしょうか？

興味はあるんだけど、友人は都合がつかなくて参加しないと言うし、よくよく考えたら家のこともあるし、不慣れな人とずっと過ごすのは、不安で気疲れするだろう。いろいろ大変かな。今の自分には難しいかも……、

と思い始めて、最終的にはお断りしてしまったというような経験です。

これは、まさに脳の思考の3が大活躍しているパターンです。

もちろん、じっくり検討することは悪くはありません。でも、脳の思考の3を使って考えると、広がりや新しい体験はほとんど期待できません。

その理由は、脳の役割にあります。

あなたは脳の一番の仕事は何だか知っていますか？

それは、あなたの生命を守ることです。脳は生命の危機を回避するという大役を仰せつかっています。そのために毎度お馴染みの繰り返される行動や思考パターンを好むのです。毎度お馴染みだということは、事故なく無事だったという前例があるという意味ですよね。そうなると、あなたの生命を守らなければと思っている脳は、その前例と同じことを繰り返そうと考えるのです。そうなると、広がりや新しい出逢いとはなかなか巡り会えなくなりますよね。

しかし、身体の宇宙のパワーとつながっている97の本心は真逆です。どんどん新しいことへの扉を開け、あなたが人生をより楽しく豊かに謳歌《おうか》する選択を直感やひらめきで伝えてくれます。

97の本心を活用できるようになる3つの習慣

この97の本心を使うには、頭の声ではなく、心の声に従うことが大切であることは、すでにお伝えしました。

でも、それはなかなかできないという方のために、97の本心を誰でも活用できるようになるための習慣をお教えしますね。

それは、脳を騙すための習慣です。

皆さんは脳は騙されやすい器官であることはご存じですか？

「そんなバカな！　脳は一番頭のいい器官ですよ！」と思うかもしれません。でも、脳はびっくりするくらい簡単に騙される器官でもあるのです。嘘だと思うなら、インターネットで「目の錯覚」と入力して、検索してみてください。錯視画像と言われる、目の錯覚を利用した画像をいろいろ見つけることができると思います。

脳はとても素直なので、必ず騙されるパターンがあります。その特性を利用します。

①寝る前の習慣

具体的に言うと、一日の終わり、就寝前に感謝の言葉を述べるのです。

「今日の一日をありがとうございました。おかげさまで無事に過ごせました。明日また直感とひらめきに気づく新しい一日を授かりますように」

といったことを述べてから眠りにつきます。

このように言うと、脳は「直感とひらめきのおかげで無事に過ごすことができたんだ」と思い込みます。

先ほどもお伝えしたように、脳の使命はあなたの生命を守ることです。直感とひらめきのおかげで無事に過ごせたのなら、「直感とひらめきを優先させなければ」と思うようになるのです。そうすると、自然と少しずつ3の思考を使う生き方から97の本心を使う生き方に移行していくことができるのです。

②食事のときの習慣

また、食事のときにちょっと気をつけるだけで、97の本心とつながることができるようになります。

「食」という字は、「人を良くする」と書くことからもわかるように、本来食べることはとても大切なことです。でも、現代人は食べすぎです。そして、食べすぎは万病の元です。食べすぎてボーッとしてしまっては、97の本心ともつながりようがありません。

このことを解決する単純な方法があります。

それは、よく噛むことです。

多くの人は5回か6回噛んだだけで飲み込んでしまいます。でも、できれば年の数だけ咀嚼《そしゃく》したいものです。まあ、それはなかなか難しいかもしれませんが、少なくとも唾液が出てくるまでは意識して噛んでください。

そうすると、噛むたびに脳の満腹中枢が働き、食事の量も減っていきます。

私自身もこうして咀嚼しているので、一日2食だけですが、全然お腹は空きません。97の本心とつながって宇宙のパワーを味方にすることができる上に、ダイエットにもなるのですから、これ以上のことはありませんよね。

③仕事後に好きなものを飲む

それから、一日の仕事が終わったら、ビールや好きな飲み物を召し上がって、ぜひとも身体とご自身を労《ねぎら》ってください。

「寝る前にお酒を飲んだら太るのでは……」なんて考えないでください。それは3の思考です。

好きなものを飲んで心から幸せな気持ちになることが大切なんです。自分のことを労って大切にしていると実感できることが大切なんです。そうすることによって97の本心とつながることができるようになるのですから。

でも、飲むときも、きちんと自分の本心とつながって飲んでくださいね。

ビールを開けてしまったから、最後まで飲み干さなければいけないというのは3の思考です。

自分へのご褒美は、ささやかなもので十分です。ホッとして心の庵に少しのスペースができれば十分なのです。飲みすぎると、眠りも浅くなってしまいますから、ちゃんと本心とつながって、適量を感じ取りながら飲むようにすることも大切ですからね。

「流された自分」が戻ってくる、最高な方法

流されて自分を失う前に習慣にしておきたい「古の知恵」

「ありのままの自分でいられたら、楽に生きられる」と聞いたことがある人は、きっと多いでしょう。

でも、社会の一員として暮らしている限り、付き合いや役割分担などがあります。人が集まれば意見にバラつきが出てくるもので、「長い物には巻かれなければ」と嫌なことをやり過ごして我慢することもありますよね。

でも、そうやって生きる限り、あなた自身の本音や思い、意見などを譲ったり抑え

たり、時には、他を優先するために隠したりせざるをえなくなります。たびたびそのように過ごしていくうちに、本来持っていたあなた自身の在り方がどんどん他の人の在り方の中に取り込まれ、流されて行ってしまいます。

流されて自分を失っていくと、呼吸が浅くなったり、場合によっては一時的に止まってしまったりします。

このような状態になる前に、ぜひ習慣にしてもらいたいことがあります。

それが「瞑想」です。科学技術がどれほど発展しようとも、この古《いにしえ》の知恵に触れる瞑想は、一向に廃《すた》れることがなく、むしろ現代では世界の最先端を行く企業の経営者など瞑想を求める人が世界中で増えています。

数千年もの間、途絶えることなく受け継がれてきた瞑想を行なう最大のメリットは、脳の思考する3から解放されることにあります。

馴染みがない方は、瞑想は悟りの答えを見つけるためにするものだといった印象をお持ちかもしれません。

でも、実際はその逆です。何かを見つけるためにするのではなく、すべてのものから解放され、自由なありのままの自分、つまり、97の本心の自分とつながるためにするものなのです。

本心の自分とつながる「瞑想」の方法とポイント

方法も簡単です。第一章でお伝えした「3・3・7・3の呼吸」をずっと繰り返し行なっていけばいいだけです。

それぞれの拍を数えながら、静かに呼吸に意識を向けていけばいいんです。ただそうやって呼吸に意識を向けているだけでも、気づいたら余計なことを考えてしまうものです。「余計なことを考えてしまっているなぁ」と思ったら、また呼吸に意識を向け直すだけ。それだけなんです。簡単でしょ？

ポイントは、余計なことを考えているのに気づいたら、「しまった！」とか「また考えてしまった」などと自分を責めずに、ただ淡々と呼吸に戻るという点です。

また、頭に浮かんできたことが「キャンセル」したくなるようなネガテイブな思考ではなく、うれしくなるようなポジティブな思考であっても、それを手放すことは大事です。

瞑想の一番の目的は、思考の3の世界から解放されることです。その思考に良い悪いはないので、思考はすべて手放すようにしましょう。

というのも、3の思考の世界を手放していくと、自然と97の本心の世界の扉が拓けてくるからです。

心の庵にスペースができ、あなた自身の本心とつながっていきます。そして、あなたの本心は、宇宙の本心ともつながっています。だから、すばらしい直感やひらめきが生まれてくることもあるのです。

思考の3の狭い世界に閉じ込められているときには思いつきもしない、すばらしいアイディアが浮かぶことがあるのは、そのためです。

先ほど触れた「瞑想＝ひらめき」というイメージは、ひらめきが瞑想の目的だからではなく、97の本心とつながった結果、ひらめきが得られることがあるという点からきています。

誰かの考えに流されないと、良い人間関係はつくれないのか？

本来人間が持っている97の本心の力は、見えないけれど、その人を最大限に活かせるように働くものです。

ところが、人は考えることができるため、ついあれこれ考えてしまうので、脳の思考の3に頼るスイッチが入ってしまいます。なぜなら、人とかかわる社会生活に波風を立てないために必要だと思ってしまっているからです。

でも、人と良い関係を結ぶためには、自分らしさや宇宙のパワーを味方につけることをあきらめて、誰かの考えに流されなければならないのでしょうか？

いいえ、そうではありません。

本当に自分の97の本心とつながることができたなら、直感が冴え、相手の本心とつながることができます。コミュニケーションがうまくなります。だから、人と良い関係を結びたければ、まずあなた自身の97の本心とつながって、あなたの本心と良い関係を結ぶのが一番手っ取り早いのです。

そのための手立てとして瞑想を生活に取り入れてみてください。続けていくうちに、呼吸の質も変わってきます。感情の感じ方表現の仕方、ものの見方にも変化が起きます。同じ人生であるにもかかわらず、長い物には巻かれず、ありのままに見て感じ、それでいて自分らしく振る舞うことができるようになります。

瞑想は、あなたの生活に支障をきたさないよう隙間時間でも行なえます。ほんのわずかな時間と呼吸が、あなたの人生の彩りを変えるでしょう。生きる日々を歓びにしていくことでしょう。

誰もが、慌ただしく過ごす暮らしの中にわずか3分間だけでも、心と身体をほどいてゆったりしていることを実感するのが瞑想です。

第四章

人間関係が良くなる心のスイッチ

人と揉めるのは、「心のエネルギー」が乱れている証拠

「なんとなく気づいている」を無視しないで！

けっこう頑張ったのに、やること為すこと裏目に出てしまい、人と揉《も》めてしまったという話をよく聞きます。そういう経験をされた方は「どうも調子悪いな」となんとなく気づいていたと、おっしゃることが多いんです。

気づいているのに修正できず、そのままの状態で突っ走るという状態は、あなたの心のエネルギーが乱れることで起こります。

心のエネルギーが乱れる原因は、いくつもあります。体調が悪いこと、態度が雑に

なること、考えが悲観的になることなど、いろいろな要因が重なったときに乱れ始めます。

そしてたいていの場合、「なんとなく気づいて」いるはずなのです。

なぜかというと、身体の97％の本心が、直感で知らせるからです。「調整してください」と。それは、「このままだと、心のエネルギーが乱れますよ」というお知らせです。

でもこれまた、たいていの場合、「なんとなく気づいていたんだけどね」と言って、直感のお知らせを無視してしまいます。

なので、今日から無視せず、調整上手になりましょう。

心のエネルギーの乱れを修正する方法

人は大自然の一部であり、呼吸することで波長を発していますが、そうした波長は直感や携帯の電波のように、目には見えません。見えませんが、類は友を呼ぶと言われるように、同じ波長の人や出来事を呼び、引き寄せ合うものです。

「今日は最悪だった」と感じることがあったら、あなた自身の心のエネルギーが乱れている可能性があります。

そんなときはまず、その出来事を客観視してみてください。

どっちが良いとか悪いとか、被害者だの加害者だのというレベルの意識や考えだと、心のエネルギーの乱れはなかなか修正することができません。

出来事を客観視したら、「ああこういう出来事があったな」と受け止められるようになります。深い呼吸をすると、より上手に客観視できます。

そうすると、最初に小さな気づきが起きます。相手から投げられた言葉に対して自分は感情的に反応していたかもしれない、とか……。すると、さらに一歩引いた客観視ができるようになって、応戦した自分の言葉もキツイものだったなど、非常に冷静に、第三者的な視点で物事をとらえられるようになってきます。

そこから原因に辿り着くはずです。

そういえば、暴飲暴食で胃もたれしていたのが気持ち悪かったとか、体調が今ひとつだったからかペースが遅くなってしまったなどなど。しかも「修正が必要」と直感が働いたのに、無視してひと息入れることもなく、突っ走って頑張ろうとしたことまで気づいたら、しめたものです。

原因が明らかになった頃には、8割は心のエネルギーの乱れの修正ができています。

いい意味であきらめるという選択

残りの2割は、大きな視点からの「あきらめ」です。

「あきらめ」というと、放棄するようなイメージがあるかもしれませんが、そうではありません。

大きな視点からのあきらめとは、高い意識を持った、理解を示す在り方です。

人は、無意識のうちに相手を思うとおりにコントロールしてしまいがちです。最も頻繁に起きるのは、「良かれと思って」という、思いの押しつけです。これはあらゆる人間関係で起きています。

たとえば「義母さんのためを思って」と言うとき、本当にお嫁さんは相手のためを思っているのでしょうか？　嫁姑となると、世代が違うだけでなく、育った環境や背景がまったく異なりますよね。よほど相性がいい関係でもない限り、腹を割った付き合いは望めません。

こういう場合に、先ほどの大きな視点からの「あきらめ」を実践します。決して相手を自分の思うとおりにしようとしないでください。

それではどうするかと言うと、まず良し悪しの分別を脇に置きます。ここは、少し努力が必要です。負けただの、勝っただのと感情的な考えも脇に置きましょう。

それから、「この方はこういう考えの人なのだ」と肯定してください。一にも二にも、肯定するのです。変えようとしない、認めて肯定する。

言葉を変えると、大きな視点からの「あきらめ」は、開き直りです。嫌悪する事柄は、決まっていると思うので、片目をつぶって認めてしまいましょう。

そのようにして、良い心を保つと、心の乱れが修正されて、人と揉めることがなくなってきます。

赤ちゃんが抱っこされるときの気持ちになる

赤ちゃんの純粋さに、大人が学ぶこと

赤ちゃんを見るとき、誰もが微笑みますよね。それは、純粋無垢の象徴だからではないでしょうか。赤ちゃんは誰とも比較しないし、良し悪しなどいっさい関知していないので、比較や判断ばかりしている大人からすれば、憧れともいうべきまぶしい存在に感じられます。

実際、「赤ちゃんみたいに純粋になりたい」とつぶやく人も少なくありません。ただ、そう言っているそばから、「あの人、高そうな指輪してる」「きっとご主人の稼ぎがいいんだわ、羨《うらや》ましい」などと、比較や悲観する考えがいとまなく思考する3％の

脳で繰り広げられます。

そんな考えでいっぱいになっている状態が心地いいかと言うと、決してそうではないでしょう。

どうしたら心地よい状態になり、赤ちゃんのように純粋な意識になれるか？

大切なのは、目から入ってくる視覚情報に振り回されないことです。

そうはいっても、見えるものは見えますよね。見なかったことにはできません。視覚情報に振り回されないためには、単純になりましょう。

素敵な指輪をつけている人を見たら、「素敵な指輪だ」で、考えをストップするのです。値段が高いか安いかを考えない。すると、ご主人の稼ぎのことまで考えたりすることもなくなります。当然、自分と比較して悲観的な考えを持つこともなくなります。

絶対的に信頼して、脱力する

さらに、赤ちゃんが抱っこされているときの気持ちを思い出すのも効果があります。

「遠い昔すぎて、思い出せない」と思われるかもしれませんが、実はそうでもないのです。

お孫さんなど、赤ちゃんを抱っこしたとき、自然と身体を揺らしていませんか？

「あ！」と思われた方、どうして揺らしているかわかりますか？

あなたが胎児だったとき、お母さんのお腹の中でぷかぷか浮いていましたよね。ほど良い温度の羊水に守られ、揺れていた記憶が身体に残っているからです。

思考する3％の脳では「覚えているわけがない」と、すぐさま判断していても、身体の97％の本心ではしっかり覚えていることが証明されましたね。

このように身体の97％の本心に委ねると、赤ちゃんが抱っこされているときのように上手に脱力できます。余計な力が入っていないので、もし転んだとしても軽傷で済むでしょう。

脱力するとき、絶対的に欠かせないのは「信頼」です。抱っこされているとき、「この人は信用できない」と、お母さんを疑ってしがみついている赤ちゃんはいません。落とされたらケガをしてしまうなど、とっさに考えてしまう大人とは違って、抱っこされている人を信頼できるのが赤ちゃんなのです。

今日からでも決して遅くはありません。胎児のときのぷかぷか体験と同じように、赤ちゃんのとき、抱っこされていた記憶は身体に刻まれていて、ちゃんと残っています。

隙間時間でかまいませんので、身体を感じながら呼吸してみましょう。疑うことを知らない純粋な気持ちを思い出すのです。

立派な大人として生活しながら、赤ちゃん時代を思い出すなんて、通常ではなかなかしないことだと思います。

でも、今からでも赤ちゃんのような純粋さを持って、「疑うより信じる」日々を積み重ねていくと、比較や悲観する考えでいっぱいになっている不快な状態から抜け出せます。そうすると、身勝手に上下関係をつくらなくなるので、安らかで気持ちの良い人間関係が育めるようになります。

そうなったとき、あなたの顔には、赤ちゃんを見たときのような微笑みが見られることでしょう。そして、そんなあなたを大切に思う人が増えるのではないでしょうか？

好きな人に会うと、自然治癒力が高まる

「恋をすると、魅力が倍増する」は本当!?

思い出すと、今でも胸がキュンとするような恋。人を好きになって恋い焦がれたという青春の思い出が、誰にでもありますよね。そのときの感覚を思い出してみませんか?

「恋をすると、世界がバラ色に染まる」と言いますが、人を好きになったとき、脳内は大騒ぎなのです。エンドルフィンやドーパミンなどの幸せホルモンが分泌されるので、気分が高揚します。

高揚感で前向きな気持ちになるだけでなく、相手の人に好かれたいと思うので、身

だしなみにも磨きがかかります。そうなると、フットワークが軽くなって、おのずと行動力がアップします。活動的になるので血流が良くなって、血色のいい若々しい肌になります。

「好きな人ができると、魅力が倍増する」と言われるのは、こういうことなのです。年齢が気になるお年頃の方にとっては朗報ではないでしょうか？　人を好きになるだけで、こんなにもアンチエイジング効果があるのですから。

その効果は、若き日の恋心を思い出すだけでも感じられることでしょう。

でも、それは恋愛だけではありません。家族やお友だちなど、あなたの大切な人、好きな人、憧れの人を思う気持ちが、あなたの心身にハリや潤いを与えてくれるのです。

嫌いな人、相性が悪い人とは無理してかかわらなくてもいい

逆に嫌いな人は、というと、言うまでもありませんよね。仕事や法事などで、否応

なく一緒に過ごさなければならないことがあるものです。人間ですから相性もありますし、無理をする必要はありません。嫌なものは嫌だし、気の合わない人と無理して過ごさなくてもいいのです。

だからといって、「あの人が来るなら欠席する」というのはどうでしょう。

出席したからといって、仲睦まじい振りをしなくてもいいのです。表面だけの親しげな会話をするのは息苦しいものです。遠くから会釈だけして、会話を必要としない距離の席に座るという知恵を使って、素敵な大人の対応をしてください。

ある年齢になったら、好きな人、信頼や尊敬ができる人とだけ、付き合いましょう。嫌いな人、相性が悪い人とは無理してかかわらなくてもいいのです。

そうできたら楽ですよ。生真面目な方ほど難しいかもしれませんが、人生の大切な時間を窮屈に過ごすことはありません。好きな人とだけ付き合いましょう。

「好きだな」と感じる人と過ごす時間は、心身の健康面にも影響が現れます。恋をしたときと同じように、幸せホルモンが分泌されます。さらに、気の合う者同士が集うことによる相乗効果も期待できます。

あなたと似たような趣味や志、センス、考え方など、お互いを大切に思い合う気持ちが、どんどん関係性に多彩な彩りを加えていくことでしょう。一人ではできないと一歩踏み出すことを躊躇《ちゅうちょ》していたことも、好きな人たちと一緒なら、思い切ってチャレンジできるのではないでしょうか。年を取ったからというだけで、あなたの可能性にフタをするなんて、もったいないです。

毎日の時間に喜びと楽しみが増えるので、元気になります。少々のケガや病気も自然治癒力が高まって早く良くなるのです。

「好きなこと」をすると、人間関係が良くなる

やりたくないことを嫌々やっていると、元気ではなく、邪気を発する

「理想と現実は違うのだから、好きなことをして生きるなんて自分には無理」という考えの裏には、勘違いの思い込みが隠れています。

それは、好きなことをして生きるのはわがままで、そんなことをすると友だちが減ってしまうというものです。

わかりますよ、その気持ち。人間は群れて生きる動物ですし、学校教育で集団行動を教えられてきましたから。当然のように、みんなと同じようにするべきだという考

えを持ってしまいます。その影響で、好きなことをするのはわがままで、身勝手なことだと勘違いしているのです。

しかし、実際は逆です。好きなことをしていると、人間関係は良くなるし、やりたくないことを嫌々続けていると、あなたを取り巻く人間関係は悪くなります。たとえば、あなたが嫌なことをしているとき、「なんでこんなことしなきゃならないのか」と愚痴や不平不満が増えますよね。そのとき発している氣は、元気ではなく邪気なのです。

邪気に覆われている人の特徴は、雰囲気が暗く、うつむきがちで猫背。人を思いやる余裕がなく、身勝手な言動を取るなどがあります。

類は友を呼ぶので、同じような氣を発している人同士が引き寄せ合います。なので、たとえ前向きで明るいお友だちがいても、やがて波長が合わなくなって疎遠になっていくでしょう。

好きなことをやっている人ほど、なぜ人間関係が良くなるのか？

もしあなたが「好きなことをして生きたい」と思うのでしたら、手芸でもスポーツでもなんでもいいので、好きなことをしてください。

好きなことをしているときは楽しいですよね。楽しいので、心が満たされてゆとりができます。そんなあなたの笑顔は、魅力的でイキイキしています。かかわる人も気持ちがいいと感じることでしょう。

好きなことをして楽しんでいるだけで、あなたのまわりにはあなたと同じようにキラキラと目を輝かせて、好きなことを楽しんでいる人たちが呼び合うようにして集まり、明るい和ができます。

あなたが好きなことをして、太陽のように分け隔てなく周囲を照らす存在になれば、あなたとかかわる人たちの心に花が咲くのです。

さらに、好きなことをして元気を発する仲間が一緒に盛り上がっていると、一人でいるときより二人、二人のときより三人と、相乗効果でポジティブな氣が増幅して周囲に影響を与えます。

その結果、特別なことをしなければならない人間関係は、いつの間にか断たれていきます。それどころか、いつも文句ばかり言っていた人たちが、悪口を言わなくなったり、思いやりを示すようになっていきます。

あなたが好きなことをすると、こうして人間関係が豊かに育っていくのです。

言葉は、思いのたった3％しか伝わらない

思いは「間」に宿る

「人は話せばわかり合える」と言いますが、それは、お互いが腹を割って本音を語り合った場合です。でも、なかなかそうはいきませんよね。

話をするとき、私たちは言葉を使います。意思疎通するときの道具として言葉を使うのですが、言葉で伝えられるのは、全体の３％程度だと言われています。

「あれだけ丁寧に説明したのに！」

「え？　聞いてないよ」

というやり取りがあるのも無理はありません。

そもそも言葉は、いつ、どこで、誰と、誰が、何をした（する）という必要事項を仲間同士で共有するための道具として発展してきました。

では、必要事項の奥にある「思い」はどこにあるかと言うと、言葉が介在しない沈黙、「間」の中にあります。

つまり、言葉が担っている3％以外の97％に最も伝えたい大切な思いが含まれています。

言葉を使って語り、伝えられるのはほんの少しだからこそ、まるでテレパシーのようにお互いを感じ合って伝え受け止め合う、阿吽《あうん》の呼吸という交信方法が現代まで大切にされているのでしょう。

このようなことからわかるように、言葉で思いの丈を伝えようとするのは無理というものです。

しかも、言葉を使う人間は思い込みで勘違いしてしまうので、必要事項を伝える道具としての言葉のやり取りをしたとしても、その情報はいつも不十分です。なぜなら、感情がかかわってくると、好き嫌いで耳をふさぐようなことをしてしまうからです。

そうすると、会話で交わされた情報量は極端に少なくなってしまいます。

「言葉では思いは伝わらない」からこそ、言葉の使い方が重要

それらを踏まえて考えると、そもそも言葉だけで思いが伝わらないのは当たり前ということになります。だから、言葉を尽くして話したことをわかってくれただろうかと案ずることはありません。無論、どうして伝わらないのかと、やきもきすることもありません。

むしろ、道具としての言葉をどのように使うかが大切です。

夫婦や家族、近しい人たちとの人間関係において「言葉を使う」ことを考えたとき、敬語や謙譲語を用いることで目上の人を敬う気持ちや、へりくだって尊重する姿勢が表せます。

反対に、乱暴な言葉には、その道具を好んで使う人の質が現れます。流行り言葉も誤用すると、会話そのものが成立せず、単なる音遊びになってしまう可能性があります。

人と交流するとき頼りにしている言葉ですが、思いを伝えられるのはたったの3%。それを知ってか知らずか優秀な営業マンは、交渉の場で多くを語らないと言います。喋りすぎると、伝えたいことの焦点がぼやけてしまうことをよく勉強されているからなのでしょう。

古くから「沈黙は金」と言われますが、言葉で思いは伝えられないよと、先人たちが教えてくれているのかもしれません。

今度誰かに伝えたいことがあるとき、黙して聴くことをたくさんしてみると、伝えよう、わからせようとするより、多くの思いが伝えられるのではないでしょうか。

「97の見えない心の根っこ」で、人と接してみる

「身体の97％の本心」が活かされる時代で、求められること

新型コロナウイルスが世界に広がったことで、私たちの生活や仕事の仕方が大きく変わってきています。時代が変わってきたことを肌感覚で感じておられる方も少なくないのではないでしょうか。

私は「身体の97％の本心が活かされる時代」の幕開けのように感じています。

これまでは、人と比べてより高い地位や収入を目指す傾向が強く、思考する3％の頭が中心の時代でした。より強く、権力のあるものに従う社会ですから、会社や人に

右へならえで、流されたり依存するようになっていたのです。

これから展開する「身体の97%の本心が活かされる時代」では、従うことや流されることではなく、自分を信じることがとても大切になります。

他者も自分も信頼できるようになるコツ

自分を信じるには、有言実行を積み重ねていく努力が必要です。

しかし、これをやろうと思っているのに、日常に埋もれてしまって、今日もやらなかった、またできなかったと、毎日後回しにしていることの一つや二つ誰にでも経験があるでしょう。それを「仕方ないよね」と続けていると、自分のことが信じられなくなります。

もし誰かが「これをやりますね」とあなたに言ったのに、いつまでも実行せずにいたら、その人のことをどう思いますか？

少なくとも、信頼できる人だとは感じませんよね。

自分に対しても同じです。やろうと思っているのに、先送りばかりしていつまでも行動しないと、あなたは自分に対して不信感を抱くようになってしまいます。

頭の中で考えているだけの一つひとつを後回しにせず有言実行するには、確実にできることだけを言葉に出すことから始めてください。

ただし、大風呂敷を広げないこと。気負わずにできることを選ぶといいでしょう。1日1ページの読書をするなど、些細なことでかまわないので、自分に宣言してください。そして、宣言したことは、やる。

有言実行したことが増えれば増えるほど、自分への信頼が増していきます。そして自分を信じられる人は、身体の97％の本心に対する信頼もできるようになるのです。

身体の97％の本心は、普遍の大きな愛でもあるので、赤ちゃんが親を信頼して命を預けるように「大丈夫だ」と理屈抜きに信じている、安堵《あんど》した心の状態になります。

身体の97％の本心を信頼している状態が前提ならば、分け隔てはありません。自分がそうであるように、他の人もまたそうであると信じる心でいられます。

これが「97の見えない心の根っこ」で人と接するということです。

「心で伝える」たった1つのコツ

伝えたいなら、聞く

「話し上手」と「聞き上手」、あなたはどちらのタイプでしょうか？

情報や経験が豊富で、楽しくお話しするのがうまい方もおられますよね。

でも、どんなに話すのが得意でも、心で伝えたいときは聞くことに徹しましょう。

「伝えたいのに、聞く？」と思われるかもしれませんが、逆もまた真なりで、伝えたいなら聞くのです。

たとえば、あなたに相談してきた方がいたとします。相談するくらいなので、その方の頭の中はあれこれ思いが詰まっていて、整理がつかなくなっています。そんな状態のときは、一刻も早く解決して楽になりたいのに、気持ちにも心にもゆとりがないので、あなたが解決方法を話しても受け止めることができません。

でも、あなたがどっしり構えて「まずは聞かせてね」と聞くことに徹していると、相手は話すことで思いを吐き出すことができます。ある程度まで思いを吐き出すと、頭の中に空きスペースができてくるので、氣が落ち着いてきます。

そのときが伝えるタイミングです。気持ちにゆとりが出てくると、人の意見やアドバイスが無理なくスッと入ってきます。

聞き上手の方は、相手の言葉をよく聞いています。だから、他の人には話せないことまで話せてしまうのでしょう。

話し上手の人へのアドバイス

話し上手の方が陥りやすいのは、話すのが得意なので、相手が話しているのについ割り込んでしまうこと。

その点は要注意です。心で伝えたいならやってはいけません。

「でもね」とか「それはこういうことじゃない？」と、相手が話している途中で水を差すと、相手は最後まで話せなくなります。

それから、

「ふーん、そうなんだ、へー」

と、相手の話に気持ちが向いていないような相槌を打って聞くことも良くありません。心の内を明かしたいと思えない態度だと、やはり最後まで話す前に切り上げたくなります。

おすすめは、オウム返しに相槌を打ちながら、親身に耳を傾ける聞き方。

「そうなの……、（相手の言葉）したかったのね」

と、相手の話す言葉を返して答えるのです。

そうすると、「この人は自分の話をちゃんと聞いてくれている」と感じます。

人間は自分の話を聞いてくれている人に対して心を開きます。

あなたがオウム返しに相槌を打ちながら聞いていると、相手は悩みを打ち明けながら、自分の言葉を二度聞くことになりますよね。すると相手は、「そうだ、自分はこんな思いを抱えていた」と再認識できるし、思いの整理もついてくるのです。その結果、相談している本人自身が自ら解決策に気づくこともあります。

お互いの信頼を築くポイント

さらに、心の根底にある本当の思いを語ってくれることもあります。「こんなに自分の話を聞いてくれているこの人なら、話せる、話したい」と思うのでしょう。

相手の話に耳と心を傾けて聴くことを傾聴と言いますが、静かに傾聴していると、お互いの間に信頼が芽生えるのです。

まずは親身になって聞く。そして相手の心にゆとりができたとき、あなたが伝えたかったことを心で伝えることができるようになります。

ただ、ビジネスの世界では、丁々発止でスピード感が大事なこともありますし、相手との駆け引きできれいごとを言ってはいられない場合もあります。でも、それはそれでいいのです。

回転力が必要なときは、情報や経験値を用いた話術を活かす。一方で、家族や恋人、親友などのように、あなたにとって大切な人との会話は傾聴して、心で伝える。

この両方を使い分けられるようになると「伝える力」が磨かれて、幅広く人間関係に活用できるでしょう。

「恨み」「つらみ」「悪口」は、心が暇な証拠

モヤモヤ気分が積み重なる原因

子どもの頃、「人の悪口を言ってはいけません」と言われて育ったのに、大人になるとこの教えは、ほとんど守られていないことに気づきます。それは、愚痴《ぐち》や文句を言いたくなる出来事があるからですよね。

当たり前です。人間ですから、相性もありますし、出会ったすべての人と良好な人間関係を育むことは不可能ですから。

それなのに、「悪口を言わない善人であるべきだ」と思い込んでいるので、毎日少しずつモヤモヤした気分を積み重ねてしまうのです。

その原因は、頭で思考する3％で「ねばならぬ」という規律にがんじがらめにされているから。もしあなたが、「バチが当たるから悪口を言ってはいけない」と決めつけていたら、それは勘違いです。

人の悪口を言ってもいいのです。

ただし、相手に向かって言ってはいけません。良識あるあなたはお気づきですよね。それではケンカを売ることになります。

正々堂々と悪口を言う方法

では、これから正々堂々悪口を言う方法をお伝えしましょう。

まず悪口を言う前段階として、ため息をつきましょう。上品なため息では効果がありません。「ハーッ」と、身体中の息と邪気を吐き出すつもりで行なってください。

軽いモヤモヤは、このため息だけでスッとします。

それでも、「こんな程度では収まらない！」、モヤモヤムカムカが残っている場合は、人目につかない場所を選んでガツンと言い放ちましょう。

「バカヤロー」と。

都会なら、屋上やベランダに出てビルに向かって。田舎なら、山や川に向かって、吐き出します。

注意点が3つあります。

1つ目は、状況に対する配慮です。山の中で人が居ないのなら問題ないと思うのですが、あなたが選んだ場所で許される範囲の声のボリュームであること。

次に、気持ちの中に「バチが当たる」という考えが残っていると、思い切りの悪い吐き出しになってしまいます。やるときは、たとえ小声でも思いっ切り腹の底からスパーンと言い切ってしまうのがコツです。

そして3つ目。続けて「ありがとう」を言って、相殺すること。

「バカーー！　ありがとうございましたー！」

という具合です。これで、モヤモヤムカムカした思念や邪気も祓われてスッキリすることでしょう。

心の充実度のバロメーター

人間ですから、きれいごとばかり言っていられないときがあるものです。

仏陀がおっしゃっていたように、「清濁併せ呑む」という視点に立てば、思いっ切り吐き出すことで、心身に穏やかさが保たれるのであれば、罪悪感を持たなくてもいいのです。

楽しみが少なく、充実感を感じられないとき、どうしても余計なことに氣を巡らしてしまいます。その状態は心が暇になっているのです。

楽しいこと、ワクワクすることに気持ちが向いているときは、前向きな気分でやることが多く満たされているので、氣の合わない人の言動に目くじら立てている暇はないでしょう。

思い切って吐き出してしまうと、心にゆとりが生まれるので、知らず知らずのうちに視野が狭くなっていたことに気づきます。愚痴や文句を言う負のサイクルにはまっていたことに気づいたら、つまらないことは続けられなくなります。

第五章

感動しながら生きるコツ

学び続ければ、1秒1秒生まれ変われる

学びを活かせる人、活かせない人の違い

「学ぶ」と言うと、机に向かって勉強することを想像してしまうかもしれません。でも、ここで言う学びは堅苦しい〝お勉強〟のことではありません。趣味や遊びから専門分野まで、あなたが楽しさや充実を感じられることなら何でもいいのです。サークルでもいいし、セミナーや講話会など、巷で開催されている学びの機会を、活用してみましょうということです。

インターネット時代ですから、ちょっとだけ操作を覚えればZoomやSkypeなどパソコンやタブレットから参加できるものがたくさんあります。

　もし、少人数の会があれば、その場に行ってみるのもいいでしょう。こうやって気軽に行動してみることで、リモートでも、対面でも、似た感性の持ち主や、わかり合える仲間ができる可能性だってあるのです。

　ところで、同じ条件で同じように学んでいるのに、学びを活かせる人と活かせない人がいます。両者は何が違うのでしょうか？

　答えはズバリ、実践するか、しないか、これだけです。

　能力や基礎知識、経験があるかないかなどによる差はありますが、究極は「やるか」「やらないか」。これだけなのです。

　たとえば、お菓子づくりのサークルでクッキーをつくったとします。そこで学んだことを活かせない人は、その日に家族にお土産として持ち帰るだけで、それ以降はクッキーを焼かないでしょう。学んでも「やらない」ので、学びが活かせません。

　一方、学びを活かせる人は、その日の経験をワクワクしながら楽しんで過ごすので、喜びが倍増します。帰宅してからも、どうやって色をつけたか、何に工夫したかなど、賑《にぎ》やかに楽しかったことを話したりもします。

　人は褒められるとうれしいので、もっともっと、やりたくなります。それで小さな発見や感動体験をするので、創意工夫が上手になって、腕前が上がり、ご近所やお友だちにも笑顔でおすそ分けすることができます。

このようにたった1回サークルに参加しただけですが、そこでの時間や体験を活かそうとする人は、日々の景色まで変えることができるのです。

学びを活かせない人へのアドバイス

では、学びをなかなか活かせないという人は、どうすればいいのでしょうか?

もちろん改善する方法はあります。

無邪気になればいいのです。もっともっと子ども心に返り、無邪気になってしまえばいいのです。

この無邪気こそが、宇宙のパワーとつながっている潜在意識であり、97%の本心なのです。

無邪気は「邪がない」と書きます。「邪」というと、普通道理にはずれて間違っていることを意味しますが、3%の頭の思考は、よく本心からはずれた間違った「邪」

になってしまいます。

「はしゃぎすぎたら、はしたない」

「こんなことで笑ったら、低俗だと思われてしまう」

そういう考えは、すべて3％の頭がつくり上げたものです。

そんなことは気にせず、無邪気にはしゃいだり、笑ったりしたらいいのです。

赤ちゃんや幼い子どもに戻った気持ちになり、素直におもしろがり、人に伝えて喜びを共有する。共感されたり、褒められたりしたら、また無邪気に喜ぶ。それが無邪気な行動がつくってくれる感動の連鎖です。

そうやって、子ども心に返ること。それが、日々生まれ変わり、いつまでも若々しく、心豊かに生きることにつながります。

ほんの小さな学びが、人生に小さな感動を与え、日々を充実させてくれる――。これも、3と97の法則に則った生き方の1つです。

食べて息をする、それだけできていればいい

物は、使われるから活かされる

「いつか使うかも」「何かに役立つかも」と思って、なかなか物を捨てられない人がいます。その多くは、物がなかった時代を生きてきた世代か、その世代に育てられて「物を粗末にしてはいけない」と躾《しつけ》られてきた方たちです。

使い捨ての物であふれかえっている今でも、その世代の方は、小さい頃からの習慣が体に染みついており、物を捨てるのが上手ではありません。

物を大切にするのは、とても良いことです。でも、不要な物に囲まれて暮らすのは、実はあまりよろしくないんです。

物は、使われるから活かされるのです。使われず、活躍の場を与えられない物は、よどんだ「氣」を発してしまいます。

不用品に囲まれた暮らしは、よどんだ「氣」に囲まれた暮らしです。想像しただけで不安になりませんか？

物が捨てられない人へのアドバイス

それでもなかなか捨てることができないという方に、ぜひやっていただきたいことがあります。

それは、不用品を書き出すことです。

まず紙とペンを用意します。それから家の中をよく見渡して、10個の不用品を見つけて書き出してみましょう。

ポイントは、感情的には「もったいない」と感じるけれど、すでに活用していない物を選ぶことです。

こうして可視化すると、本当はその役割はもう終わっているものがあることに気づくはずです。役目を終えた物には感謝の気持ちを込めて、リサイクルするなり、自然に帰すなりして、その物の新しい出発のために、お別れを告げましょう。

人生で不要なコトを整理する

さらに、この方法で整理できるのは、物だけではありません。あなたの人生で不要なコトも整理できてしまうのですよ。

たとえば、二世帯住宅に住んでいること、自治会などの役員やサークルの世話役を引き受け続けていること、正社員として働いていることなどなど。当たり前になっているけれど、実は不要かつ負担を感じているのに「気づいていないコト」たちに気づくことができます。

子育てにひと区切りついているにもかかわらず、これまでどおり、夫婦2人の生活を続けようと頑張っている。しかし、実はそれには無理があった――。

あるいは、都内の繁華街に住み、高い家賃やローンを払い続ける必要がないかもしれない――。そんなことに気づけるのです。

別の土地に移り住むことも可能かもしれませんが、思い込みや習慣から、これまでどおりの生活を維持しようとしているだけかもしれないのです。

「ねばならない」という思い込みで嫌々やっていること、ありませんか？

不用な物やコトを書き出すと、頭の中が少しずつ整理できます。すると、これまで「やらねばならない」と思い込んでいたものや、ただの惰性で続けていた事柄を発見することにつながります。

この「ねばならない」という思い込みは、意外に根深いもので、「これまでどおり」にしなければならない、そうするべきだ、と考えてしまいます。

たとえば、自治会などの世話役を長年引き受けている人がいます。そのような人も、心のどこかでは、「きっかけがあれば、本当は辞めたい」と思っていることがあります。

しかし、「自分が辞めたら、他の人に迷惑がかかる」という思ってしまい、なかなか本心に従えません。そこで、「今年1年だけは続けよう。来年こそは……」と考えるのですが、その1年が何度も何度も更新されてしまうのです。

もちろん、世話役を辞めるきっかけが向こうから歩いてくるわけではありません。人は、イヤイヤ続けていることが止められないと、やがて「やはり自分はこの運命からは逃れられない」と観念し、「やらねばならない」とさらに思い込んでしまうものです。

「これまでどおり」にすることで、失っているもの

ここで一度考えてみていただきたいことがあります。

「これまでどおり」にすることによって、失っているものはありませんか?

自治会で近隣の方々のお世話をすれば、もちろん感謝され、気分が良くなるはずです。しかし、お世話に費やしている時間で、本来あなた自身がもっとやりたいことをしたり、もっとお世話したい人を助けたり、もっと大切なことに費やせる、人生を充実させるはずの時間です。

世話役として地域に貢献することは、以前はあなた自身の心も満たす活動だったかもしれません。しかし、「今はどうでしょう?」と見直してみましょう。そんなきっかけになるのが、書き出す作業です。

惰性で続けていることが仕事の場合、収入、そして生活にもかかわるので、簡単には「捨てる」ことができないかもしれません。

しかし、ここでも「書き出す」という作業をすることで、新たな活路を見いだせることはあります。

たとえば、勤務先でやることになっているさまざまな作業の中で、「これは不要」と思えるものがあれば、それを他の人に任せたり、やらなくて済んだりする方法が見つかるはずです。

そして、不用な事柄を書き出すことで、その奥に隠れていた「本当はこうしたい、こうやって生きたい」という、あなたの本音が浮かび上がってきます。

その本音を引き出すことこそが、97の本心を活用することなのです。

「こうしたい、こうやって生きたい」という希望を持ったとき、あなたはイキイキとしている自分自身を思い描くはずです。

心から充実した時間を過ごしているとき、誰かと比較をしたり、偉くなろうと思ったりはしなくなります。

「食べて息をすることだけできていればいい」と感じているはずです。

「書き出し」の作業は、いらないものを捨てて、97の世界から自分の本心を呼び出し、空いたスペースをありのままの自分が喜ぶ「希望」で満たす作業なのです。

「やりたくないこと」を書き出すと、心が動く

役割に基づいている「ねばならぬ」という呪縛

「ああ、今日もこんなに葉が落ちている」と、うんざりしながら毎日掃き掃除をしている女性がいました。

その女性に、とても単純な質問をしました。

「ご主人に頼んではいけないのですか？」

すると、驚いた表情で、「そんなこと考えたこともありませんでした」と言って、笑顔を見せてくれたのです。

普段当たり前のようにやっていることの中には、本当はやりたくないのに「ねばな

らぬ」という思い込みで続けていることがたくさんあります。もちろん、役割のせいで、そう感じずにはいられないことは多々あるものです。

たとえば、お母さん。お母さんだからやって当たり前、やるべき、やらねばならないということがいくつもあります。お父さんもそうです。お兄ちゃんお姉ちゃんも同様です。

幼少期から私たちは、知らず知らずのうちに役割に基づいている「ねばならぬ」の考え、思い込みに慣れ親しんでいます。冒頭の掃き掃除をしていた女性も、「嫁である自分の仕事」という気持ちがあったようです。

そして、それぞれの思い込みは、日に何度も「ねばならななぬ」と考えることで、疑う余地のない「当たり前」のことになっていきます。

「当たり前」に対する本心をあぶり出す方法

しかし「当たり前」という考えは、「ねばならぬ」ことであって、あなたが本当にしたいことなのかどうか、まったく吟味されないまま習慣になっています。

このように習慣化してしまった考えや行動を「本当はどうしたいのか?」という新しい視点で吟味すると、あなたの心の声があぶり出されてきます。

吟味する方法は、とても簡単です。紙に書き出して頭の中の考えを文字にすればいいのです。

準備するのは、A4サイズくらいのノートとペン、これだけです。

用意ができたら、「やりたいこと」と「やりたくないこと」の欄を分けて、思いつくまま箇条書きでどんどん書き出してください。

たとえば、庭掃除、食事の買い出し、お付き合いの会合参加、夫婦同じ寝室で寝ることも、どちらかの欄に出てくるのではないでしょうか。

書くときの注意点は、「やらなくなったら非難される」とか、「ダメな人だと思われる」という考えを無視することです。その考えこそが、「ねばならぬ」という思い込みによって生まれるものだからです。影響されてしまうと、本末転倒です。

「やりたくないこと」リストとの向き合い方

あなたの「やりたいこと」と「やりたくないこと」が一覧になったのを眺める段階になったとき、いろいろな感情が湧いてくるはずです。

特に「やりたくないこと」に目を向けたとき、頭の中が騒がしくなり、「嫌だと言っても、私しかやれる人がいないし」とか、「もちろん嫌だけど、死ぬほど嫌というわけではないわ」といった理屈や言い訳めいた考えが浮かんでくるのではないでしょうか。これもまた「ねばならぬ」の思い込みから生まれる考えです。

「やりたいこと」と「やりたくないこと」を書き出すだけで、「ねばならぬ」の考えが横槍を入れてきます。やりたくないことを投げ出したわけではないのに、絶対にやめさせないよう、思考の邪魔が入ってくるなんて驚きですよね。

それほど「ねばならぬ」の考えは根深いもので、あなたの人生に強く影響を与えているのです。

「やりたいこと」リストとの向き合い方

本来、あなたは自由なはずです。だから「やりたいこと」の中に書かれたことをやりたいなら、行動に移せばいいのです。

でも、書き出した内容をよく見てみると「やりたいこと」の中に、たいしてやりたいわけでもないのに「これがしたい」と思い込んでいることが含まれている場合もあります。

たとえば、「ネイルサロンに行く」と書かれていたとします。その文字をもう一度注意深くみると、実はそこまで行きたいわけでもないという場合があります。

それは、「以前やりたいと思っていたけれど、何らかの理由で実現しなかった」ものので、「やりたいこと」という名札を頭の中で以前につけたものです。その場合、気づいていないだけで、前はやりたかったけど、今はもう興味が薄らいでしまって、本当は「やりたいこと」ではなくなってしまっているのです。

このように「やりたいこと」と「やりたくないこと」を書き出すことで、あなたの心の中にくすぶっていた気持ちや思いが浮上してきて「ああ、そうだった！　これがやりたかったんだ」という気づきがあるはずです。これも、97の世界から自分の本音を見つけ出す作業です。

小さな発見かもしれませんが、その瞬間、長い間忘れ去っていた本当の思いに気づき、新しい自分に生まれ変われる予感を抱くことができるでしょう。

60歳過ぎて出会う友は「楽しみ仲間」

堅苦しく考えず、興味のあることにチャレンジ

人生の新たなスタートとなる大きな節目、60歳は還暦です。山越え谷越えいろいろ経験してひと区切りというお年頃。家族のため、親のためと、方々に尽くしてきた時間を、大手を振ってご自身のために使っていく始まりのときです。

この節目を「いよいよ赤いちゃんちゃんこか……」とため息をつくのではなく、「やっと自分の好きなことができる！」と、意欲的に考えることもできます。

「ふむふむ、意欲的にね」となると、次に来るのは「何をする？」ですが、堅苦しく考えず、興味のあることや好きなことをやってみてください。趣味の世界は裾野が広

いので、選ぶのに困るほどたくさんあります。

歌うのが好きならカラオケサークルに参加するのもいいでしょう。手芸、デッサン、英会話、麻雀、映画鑑賞会、楽器演奏など、同世代の人たちが集う場を見学して回ってもいいかもしれません。部活を選ぶときのような気楽さでいいのです。

アウトドアが好みの方なら、ハイキングやバードウォッチング、美食探訪、旅行はか、こちらもバラエティー豊かです。最近では、石原裕次郎さん世代の皆さんにとって、憧れだったクルージングやヨットを楽しんでいる方が増えているという話も聞きます。「船なんて、自分には縁遠い」とあきらめる必要はありません。今は、だいぶお安くなっていますし、レンタルなどもあります。

未知なる体験をすることは不安かもしれませんが、ワクワク体験は心に刺激を与えてくれると思いませんか。

若い世代から学ぶという新鮮体験

他にもインターネットの時代を反映して、ソーシャルネットワークサービス（SN

S）を始めるのもいいですね。きれいだなと感じた写真を撮影してインスタグラムにアップしたり、ツイッターでひと言つぶやいたり、ブログを書いたりするのもいいですね。

若い世代の方から「いいね」と反応があったりすれば、自分も若返ったような気持ちになります。そして、最初は趣味で始めた発信でも、反響があると「もっと人を楽しませよう！」と使命感を持つようになり、それが生きがいになっていくはずです。

思い切ってユーチューバー・デビューをして動画配信するチャレンジをするのも楽しいかもしれませんね。操作がわからないときは、若い世代のお孫さんたちに教えてもらえばいいのです。

普段目上の存在として敬われているあなたが、30も40も年下の世代に教えてもらうこと、お願いすること、お礼を言うこと、そのどれもがとても新鮮な体験になるはずです。

またユーチューブに出るとなると、美容や健康への意識が高まります。見苦しい姿で出演したいとは誰も思わないでしょう。憧れの対象である芸能人のような気分になることは、恋愛と同じくらい、若さを保つ最大の秘訣だと言えます。

新たな出会いで、さらに世界が広がる

年齢を言い訳にせず、何事にも好奇心とチャレンジ精神を持って楽しみを見つけようとしていると、あなたが目にする世界の景色はどんどん広がります。楽しみを共有できる仲間との出会いや交流もきっとあるでしょう。

「今さら新しい人間関係を持つと言ってもね……」と、億劫な気分になることもあるでしょう。しかし、それぞれ人生の節目を迎えているのです。ある程度角が取れているでしょうし、似通ったことに興味を持っている者同士という共通点もあります。楽しみを分かち合う仲間として、気楽に割り切った付き合いをすればいいのです。

そんな楽しみを通じて、若かりし頃の夢を叶えられたり、独身の人はひょっとしたらパートナーに出会えたりすることもあります。海外旅行をずっとしてみたかったけれど、60歳までそのチャンスがなかったとします。思い切ってツアーに申し込んだところ、旅先で思わぬロマンスがあった、なんてこともあるかもしれませんよ。

安心の世界は刺激が欠け、脳が退化する

好奇心のスイッチが錆びついていることが、挑戦への足かせになっている場合があります。

これは要注意です。人は慣れ親しんだ環境にいることで安心しますが、安心の世界には刺激が欠けてしまうものです。刺激があまり少ないと、脳は楽をしようとしてどんどん退化してしまいます。

刺激は、脳も心も活性化させてくれる若返りの薬なので、すすんで味わう習慣を持ちたいものですね。

たとえば、いつも通っている道とは違う道を歩いてみる。そうすることによって、いつもとは違う景色が視覚を刺激し、好奇心のスイッチが入りやすくなるのです。

そして、好奇心を持つことによって、常識で凝り固まった3の思考の世界から飛び出し、97の世界とつながっていくことができるようになります。

とはいえ、この年齢になると面倒なことは歓迎したくないでしょうから、あくまで

も無理のない範囲で、楽しいと感じられるものを探してください。

人に合わせすぎたりせず、自分の感覚や気持ちを優先しましょう。60歳過ぎて出会う友は「楽しみ仲間」という距離感が最適です。

人に示した思いやりの数が、「感動貯金」になる

お金以外でもっと貯めておくべきモノ

毎月でも少しずつ切り詰めて貯金をすることで、未来に楽しみをつくったり、不安を少しでも減らすことができたりします。こんなご時世ですから、貯金は、できるだけしておきたいものですね。

でも、お金を貯めたからといって、人生が必ず豊かになるかと言うと、そうではありません。

実は「お金」を貯める以外にもっと貯めておくべきモノがあります。

私がおすすめしたいのが「感動貯金」です。感動貯金とは思いやりを示すことで、

人を感動させた数の蓄積です。

でも「感動貯金」はお金と違って、通帳に記録されているわけではありません。そして、好きなように使うこともできません。それなのに、とても価値があります。

なぜなら、あなたの感動貯金は、知らずのうちに少しずつ「払い出し」され、あなたを取り巻く「幸せな人間関係づくり」のために使われているからです。

あの人があなたの前で笑顔なのは、あなたといると居心地が良いためです。感動貯金の多い人ほど、「心からの笑顔」に囲まれているものです。

感動貯金は、一生にわたり、あなたを取り巻く「幸せな人間関係づくり」のために支払われ続けます。そして、ゆくゆくは、あなたがこの世を去ったときに、人々があなたを偲んで流す涙の数、「ああ、もう一度会いたい」と思ってくれる人の数になります。

あなたが生きた価値を示す

感動貯金にはお金のような単位がありません。1回思いやりを示したから1とカウントされるわけではないのです。それは思いやりを受け止める側次第なので、力いっぱい思いやりを示したとしても、まったく受け止めてもらえないことだってあります。

理不尽なように感じるかもしれませんが、人の心は一様ではありませんし、額面どおりに渡せるお金とは本質的に違うものです。

目に見える形はないし、好きなように使うこともできず単位もない。

けれど、感動貯金はあなたが生きた価値を示すものです。

感動貯金を増やす方法

そんな感動貯金を増やすにはどうしたらいいのか？

それは、あなたのほうから積極的に思いやりを示す機会をつくることです。なるべくなら、「一日一善」ではなく、もういくつか、良い行ないをしましょう。貯金は人のためでなく、自分のためにするのですから、ケチケチせずにどんどん思いやりを感動貯金に変えていきましょう。

誰かの役に立つこと、手助けをすること、理解者となること。そういったことをしようと心に決めて過ごすと、一日のうちに何度も機会があるはずです。誰かが「助けて」と、声をあげるまで待っていないで、探してでも行ないましょう。

でも、押しつけがましくなったらダメですよ。あなたの大切な人が浮かない顔をしていたら、静かに隣に座っているだけでいいのです。深い思いやりの行動は、相手の心に響きます。言葉で語る以上のつながりが感じられたら、きっとその人がいいと思うタイミングで話してくれるはずです。

そのとき、目には見えない信頼感を感じられ、あなたの心は静かな感動に満たされることでしょう。

感動貯金する際に心得ておきたいこと

感動貯金を増やすにあたり、心得ておくことがあります。

それは「期待しない」ことです。親の心子知らずというように、親がどれほど子どものためを思っていても、その心がそのまま子どもに伝わるわけではないのは世の常ですよね。実際、私たちもそのようにして、この年齢まで生きてきました。

このように、これをしてあげたから、ここまで考えてあげたのだからといくらあなたが心を尽くしても、相手がわかってくれないことが多々あると心得ておきましょう。「良かれと思って」という言い訳は、神様の大きな懐とつながった、宇宙とつながる97％の本心の世界にはありません。

その世界を経由してあなたの脳内にふと、「あの人に親切にしてあげようかな」「この人に手を貸してあげようかな」とひらめいたとき、その感情は「空気のように軽く、行動に移したらすぐに忘れる」という性質があります。そこに「受け止めてもらおう」「理解してもらおう」という重い感情はありません。

3％の思考する頭で考えてしまうと、「せっかくこうしてあげたのに」と思いやりが不満に取って代わってしまいます。それでは本末転倒ですよね。

最初のうちは、意識的に思いやりを示す機会をつくることが大切です。

その場合、3％の思考する頭で考えて行動してしまうことがあります。しかし、他人に思いやりを示すことが習慣化してくると、97の本心からサポートが入り、一日に何善も自動的に他人に与えることのできる人間になれます。

こうして、「感動貯金」が貯まっていくことで、夫、妻、舅、姑、子ども、子どもの配偶者、孫、ご近所さん、町内会の人、行きつけのお店のスタッフなどなどと、心からの信頼に基づく関係を築き、笑顔あふれる毎日を一生にわたって過ごすことが可能となるのです。

本当の感動は、「見返りのない奉仕」の中にある

いつも使っている言葉が、感情に影響する

相談に来られる方の話を聞いていると、「人はいつも使っている言葉が感情に影響を与えている」ということがわかります。

「不安で仕方ありません」という方は、お話の中で「ダメ」や「無理」という単語をたびたび使われます。また、「許せない」と腹を立てておられる方は、「非常識」や「無責任」という単語を多く使われます。

そこでお話の中にポジティブな言葉を入れながら受け答えしていると、ネガティブとポジティブが中和されてくるようになっていきます。

たとえばこちらが「おかげさまで」や「良かったですね」といったポジティブな単語を使い続けていると、相談者の方にも伝染します。最初、ある人を「あんな人、最低」と「全否定」していたとしても、「確かにそういう部分では感謝していますけどね」と「部分否定」に変化していきます。やがては、「今の私があるのは、あの人のおかげです。ただあの言い方だけは……」と肯定的な前置きをした上で、客観的に問題点を指摘する話し方をするようになるのです。

そんな場面を何度も目にしています。やはり人は、いつも使っている言葉が感情に影響されると言って間違いないでしょう。

意識的にポジティブな言葉を使うのが、ちょうどいい

ところが言語を研究している人の話だと、すべての言語の7割がネガティブ寄りの言葉だとのことです。ポジティブな言葉は3割。であるなら、なおさら意識してポジティブな言葉を使わないと、心配や不満の言葉を使ってしまうということですよね。

ポジティブな言葉の代表は「ありがとう」ですが、「すばらしい」「幸せ」「楽しい」

「お役に立てたらうれしい」「助かりました」など、考えてみるとたくさんあります。

これらのポジティブな言葉を使い続けていると、どうなるでしょう？

たとえば、毎日朝起きてから夜眠りにつくまでの間、心掛けてポジティブな言葉を使う。人に対してはもちろんのこと、自分自身にもです。

最初は言葉選びに注意するので、疲れるわりには、いつもと何ら代わり映えしない毎日だと思います。でも少しずつ、少しずつ、雨垂れが石に穴を開けるように、使う言葉が口にも頭にも馴染んで変化してきます。

1カ月もすれば、ポジティブな言葉が口をついて出てくることでしょう。

そうなると、基本的に人は言動一致の生き物なので、知らず知らずのうちにポジティブな行動をするようになるのです。

そして類は友を呼ぶので、そのような人のまわりには、爽やかで明るいポジティブな言動一致の人々が集まってきます。

「見返りを求めなくなる」という効用

一方、あなたを取り巻く世界にポジティブな人が多くなればなるほど、あなたの思考の中から消えていく考えがあります。

それは、「良く思われるために」という人目を気にする考えや、「やってあげたのだから」という見返りを求める考えです。

このような考えが、あなたからも周囲からも減っていきます。そして、あなたの周囲では、ポジティブな言動を取ることが当たり前であり、真にその場にふさわしい「洒落た奉仕」をする人ばかりになるのです。

そんな人が増えていくと、世界は平和になるでしょうね。洒落た奉仕をする人がたくさんいる世界。想像しただけで笑顔になってしまいます。

私がすばらしいと思っていることがあります。そういった洒落た奉仕をする人たちは、「感動」の仕方が違うのです。

たとえば、映画やスポーツの試合などで感動することはよくあることです。洒落た奉仕をする人たちは、普通の人が見返りを求めず、さり気ない奉仕をする姿を見たときに深く感動するのです。お年寄りや妊婦さんに席を譲る場面もその一つです。その奉仕を受けた人が喜んでいれば、さらに感動は倍増します。

このような場面における心が動かされるほどの深い感動は、良い人だと思われたくて行動しているときには体験できません。自分にそういう発想があると、人の善意も「あんなの、良く思われたくてやっていることだよ」と受け取ってしまい、ネガティブ思考につながってしまいます。仮にその人の善意が利己的な目的によるものであっても、それによって湧き起こるモヤモヤした感情に悩まされるより、「そんなはずないよ」と言って、お人好しに信じてあげているほうが、心は平和でいられます。

ぜひ、日常的にポジティブな言葉を使い、良く思われること、悪く思われること、そのどちらにおいても他人の目を気にしないという感覚を身につけることです。

そして、あなたの周囲を洒落た奉仕をする人だらけにし、あなたの住む地域、国、世界にその和を広げていきましょう。

何でも話せる友人がいると、心が死なない

人間関係にはほど良い距離感が必須

何でも話せる友人の存在は、ありがたいものです。お茶会を楽しんだり、電話でお互いの近況の話をしたりすると、時間はあっという間に過ぎてしまいます。気の合う仲間と過ごす時間は、ストレス解消にもなります。特に女性は、いくつになっても「女子会」が大好きです。時には放課後の女学生のようにはしゃぎ、窮屈な日常から解放された経験がある人もいるのではないでしょうか。

ところが、何でも話せる友人とはいえ、人間関係にはほど良い距離感が必要です。

意外にも「まわりの人はいい人ばかりです」と話される相談者さんの悩みは、たいて

い人間関係です。その「いい人」が余計なお世話をしてきたり、必要以上にベタベタしてきたりするのです。

親しくしていても、わがままな自分を全部見せ合い、お互いに受け止められるかと言うと、なかなか難しいものです。

楽しく長続きする友人関係でいたければ、趣味でつながる友人が一番いいでしょう。趣味という「仲介役」がいることで、一定の距離感を保てるからです。

実は友人だけでなく、血のつながった親子でさえ相性の良し悪しがあります。だから、お子さんと相性が悪くても「ダメな親だ」などと自分を責めなくていいんです。必要あらば一定の距離を保てばいいだけです。

伴侶であっても、心の底まで話せる関係かどうか、相手に期待していいかどうかなどは、千差万別です。それぞれの関係性がありますから、「こうしなければいけない」というルールを決める必要はありません。

大公開！　人間関係の奥義

また、人間は本質的に人の幸せを羨ましがるし、妬んでしまうものです。仏教の壮絶な荒行である千日回峰行を満行するような高僧でさえ、最後まで捨て切れない煩悩が嫉妬だと言うくらいですから、妬みや嫉《そね》みの感情が出てくるのは仕方がありません。

ここで、人間関係の奥義をお伝えします。

あなたが内なる神様とつながるのです。

内なる神様とは、言い方を変えると、身体に備わった97の本心です。１２０％信じられる存在です。あなたの中には、決してあなたを裏切ることはなく、いつでも両手を広げてありのままのあなたを受け容れてくれる存在がいて、あなたはその存在とつながることができます。

要するに、内なる神様をあなたの「何でも話せる友人」にするのです。

内なる存在と一足飛びにつながろうとしなくても、そういう存在が自分の中にいてくれるのだなと思っていただければいいです。その上で、外側の世界で親しい友人や仲間と楽しくかかわってください。そのときは、できることなら相手の素敵なところを認め、褒めることを意識して過ごしましょう。そうすると、種の保存のために備わった動物としての本能が持つ、羨むことや妬んでしまう部分が鳴りを潜めていきます。それはすなわち、人間性のレベルを上げるということなのです。

人間性のレベルを上げる方法

人間性のレベルを上げるには、同時に、つらい出来事に対して、過敏に反応しない心を鍛えることです。

心は、筋肉と同じで鍛えることができます。具体的に言うと、心を鍛えるときは出来事に対する意味づけを変える必要があります。

たとえば、前にお誘いして断られた相手がいたとします。そういう経験があると、「あの人は自分の誘いを断ったひどい人だ」というレッテルを貼ってしまうことがあります。「断られて残念だった」という感情に基づく記憶を軸にしてしまうと、単なる「お誘い時のミスマッチ」が「自分を否定された」という意味になってしまいます。

ひょっとしたら相手には、あなたの想像の範囲を超える事情があったかもしれません。外食するお金がなかったけれどそれを言えなかったとか、健康面での心配事があって通院の予定があったとか、単純に誰とも会いたくない気分だったとかです。

過敏に反応しない心を鍛えるには、限られた情報の中で相手の心を正確に知ろうとするのは、無意味だと考えることです。

そう考えることで、記憶に基づいたつらい感情は、本来感じるべき感情ではなかったと思えてくるでしょう。

こうして、出来事に対する意味づけを改めていくと、あなたはだんだんと達観した物の見方ができるようになっていきます。人間性のレベルとは、すなわち「立ち位置」のことなのです。視座が高くなるほど神様の視点に近づいていき、97の本心とのつながりも強化できるのです。

これこそが、内なる神様とのつながりを持つ方法です。内なる神様という何でも話せる友人がいれば、あなたは自分のことも信頼できる存在になっていくでしょう。そんな友人がいればこそ、絶望したり悲観したりといった「心が死ぬ」という状態になることがなくなります。

永遠の感動は「1秒」の中に宿る

わかっていても、なかなか意識できない

1秒はあなたにとって短いですか？　それとも長いでしょうか？

人生は1秒1秒の積み重ねです。そんなことは皆さんご存じだと思いますが、日常生活ではあまり意識していません。

それでも二度と訪れることのない時間を感じる瞬間というのはあります。

たとえば、子育て中にお子さんの成長を記録しながらそう感じた方もいるのではないでしょうか？　丈夫に育ってほしいと願いながらも、成長したら二度と見ることのできない愛らしいわが子の一瞬の表情を切り取って残したいと思いながら何度もシャ

ッターを切ったことのある人も多いと思います。

すべての瞬間は、二度と訪れることのない貴重な一瞬であることを、やはりあなたは知っています。もっと正確に言うと、身体に備わった97の本心がわかっています。

しかし私たちは、すべての瞬間を大切に生きていません。毎日毎日、同じことの繰り返しで退屈な人生だと嘆いてみたり、逆に日々を生きるのに忙しくて雑に生きてしまったりしてしまいます。「退屈だ、何かおもしろいことは起きないかな」とか「ああ、仕事がどうなるか心配だ」ということを3％の思考の頭で考えている限りは、瞬間瞬間を大切に生きることはできません。

なぜ瞬間を大切にしないかと言うと、それは「今」を生きていないからです。

感動は、未来と過去より「今」にある

宇宙から見るとすべての瞬間は、等しく尊く、美しく、かけがえのないものです。でもそのかけがえのない瞬間とつながろうとしないで「早く給料日こないかな」とか「あの頃は良かったよなぁ」と未来や過去のことばかり考えてしまうのです。ほとん

どの心配事も実際にはまだ起きていないことに対する不安です。

ここで改めて、瞬間の大切さに目を向けてみましょう。

あなたには、最近感動した「瞬間」がありますか？　それはどんな瞬間でしたか？美しい景色に遭遇したり、人の温かさに触れたりなど、不意を打たれるような感動でしたか？　それとも映画やTV番組を観たり、小説を読んだりしての感動でしたか？

実は質問をすると、多くの人が映画や小説で感動したと答えます。これはいかに多くの人が3％の思考の世界に生きているかという証拠です。

映画や小説で感動するのもすばらしいことですが、それらの感動はある意味予定調和の感動です。「全米が泣いた」という映画の謳《うた》い文句を見て、端から泣くつもりで映画を観ているのです。

3％の思考はそうした予定調和を生むだけでなく、さまざまなことに「知ってる」「やったことがある」「わかっている」と勝手にレベル貼りをしてしまいます。その結果、「夕陽＝キレイ」という方程式の中での感動しかしないのです。そして自分自身でそこそこの予定調和の感動しかしないように仕向けているのに、「年を取ると、感動が薄れてくる」などと言うのです。

それではあまりにも、もったいないと思いませんか？

何歳になっても97％の本心ときちんとつながっている人は感動することができます。旅行に出かけて、単にお決まりのスポットで写真を撮ったり、お土産を買ったりするだけの生き方と、おいしい澄んだ空気を味わったり、一緒に時間をともにした仲間との時間を慈しむ生き方、あなたはどちらがいいですか？

「今」を生きましょう。第一章でお伝えした「3・3・7・3呼吸」を何度か繰り返して行なえば、心は落ち着き「今」の瞬間を生きられるようになります。

すべての瞬間は二度と戻ってこない、あなたの人生の中の大切な一瞬です。その一瞬、一瞬に心を動かし、あなたの人生がかけがえのないものだとぜひ実感してください。

第六章

健康は縄文人が教えてくれる

縄文人に学ぶ食と健康

「1日3食」という思い込み!?

体型を気にしながらも、ついお茶うけにお菓子をつまんでしまうことがあります。明日はやめようと思いつつ、やはりまた手が伸びるということが繰り返され、生活の習慣になっています。

これは間食だけではありません。食事も、毎日3回食べるのが当たり前だと思い込んではいないでしょうか?

若き日と比べると、運動量は格段に減っているのに、食べる量はあまり変わっていないことがあります。「油物は避けよう」「塩分控えめで」などと注意していても、食事回数が多ければ、それらは過剰摂取になってしまいます。

もしかすると、あなたの身体にとって最適な食事は1日2回かもしれません。一度あなたの身体に尋ねてみてはいかがでしょうか？

「朝だから食べなければならない」「昼は何にしようかしら？」と、考える前に「私のお腹さん、空腹ですか？　食べたいですか？」と聞いてみるのです。

食料が豊富にある現代だからこそ、1日3回の食事を当たり前だというのは、間違った「思い込み」かもしれませんよ。

「腹が減っては戦はできぬ」と思うかもしれませんが、現実に戦はありませんしね。

「食べないと力が出ない」という教えは、育ち盛り、働き盛りの身体を使って働く方々に向けられています。

人生半世紀過ぎたら、むしろ食べすぎて体調を崩してしまうことを注意したほうがいいのです。

自然の摂理に沿った食と健康

自然界に目を向けると、手負いの動物はねぐらに戻って何も食べずに傷が癒えるまでじっとしています。

以前、知り合いの家の犬がマムシに噛まれ、床下に入り込んでしまったことがありました。何日も出てこないので、毒が回って死んでしまったのだとその家の人たちが思っていたら、7日目に元気になって出てきてびっくりしたということでした。事ほど左様に、時には食べることよりも食べないことのほうが命にとって大切なこともあるのです。

自然の摂理に沿うことを考えるときに参考になるのは、縄文人の食と健康です。1万年以上も前のことで、まだ農耕がなかった時代です。縄文人たちは、木の実や山菜を主として食べていましたが、「二分の教え」というものがありました。これは、根こそぎ採取するのではなく、次の季節に備えて根を残すなど、全体の二分を自然のままにしておくことです。

鹿やウサギ、地域によっては、魚や甲殻類などの獲物を得たときは、家族で分け合って食べていたので、現代人が感じる満腹感を感じてはいなかったと思います。

でも、ひょっとしたら縄文人は、「その量で十分である」ということを、すでに97の本心により知っていたのかもしれません。

縄文人は、3％の頭で考えた世界で生きている現代人とは違い、自然の中で、八百万の神様とともに暮らしていました。その中で、おのずと適量を学んでいたのではないでしょうか。その証拠に、彼らがたとえ現代の私たちから見て少食だったとしても、そこからつながる日本人のDNAは絶滅することなく、今日まで続いています。

ぜひ縄文人のように、自然の摂理に従い、身体の声に耳を傾け、97の本心の声を聞きましょう。まずは、「私のお腹さん、空腹ですか？　食べたいですか？」と尋ねてみることからです。

健康のためには腹八分と言いますが、年齢によっては腹六分でもいいかもしれませんね。

だからと言って、突然食べる量を減らすのはストレスを感じてしまうでしょうから、まずは惰性で続けている今の食事回数や量を見直してみようという心掛けをされるといいでしょう。

あなたの年齢に合った食事の回数と内容、量に変えればいいのです。そして、お腹が空いているときに適量を食べることが、おいしくいただける方法でもあります。

動物や植物の命を必要なときに必要なだけ、ありがたくいただくこと。それが自然界への敬意であり、八百万の神様に助けてもらえる秘訣です。

子どもの心配をすると、年を取らない

人生の張り合いになる

親にとって、わが子はいくつになろうと子どもです。「這えば立て立てば歩めの親心」がいつまでも働くので、心配しますよね。親とはそういうものです。

しかし一般的には、いつまでも親に心配をかけるのは親不孝だとされていますので、子どもたちは何とか親に心配をかけないように頑張ります。するとどうでしょう、わが子を心配することのなくなった親たちは、覇気を失って一気に年を取ってしまいます。

私は相談者の皆さんに「心配しなさい」とお伝えしています。暑いとき寒いとき、病気していないか、元気かと気にかけていいのです。

赤の他人の場合、口では「心配だ」と言っていても、本気で心配していないことが多いものです。その点、血のつながったわが子は、文字どおり、心を配って気にかける相手です。そのような相手がいるということは、心に刺激があって張り合いになります。

心配される子どもの立場からすると、すっかり大人になっているのに、「いったい何歳だと思っているんだ！　いつまでもうるさく言われたくない」というふうに思うこともあるでしょう。

でも、心配させてあげればいいではありませんか。親はわが子を心配するのが生き甲斐でもあるので、多少の心配をさせるほうが親孝行というものです。

親は子どものことを気にかけ、心配することで人生に張り合いを持ち続けられるので、「子どもが心配で、年なんか取っていられない」ということになり、結果的に親孝行しているのです。「いつまでも心配かけて」と言われたら、「親孝行しているな」と思えばいいのです。

文句を言っているその子も、いつかはわが子を心配する側に回ります。なので、少々のことは目をつぶって、ありがたく受け取ってください。

子どもに心配かけるのは、立派な「子ども孝行」

それに心配するのは親ばかりではありません。子ども側の立場で考えてみると、成人して大人になっていくにつれて、親を心配するようになりますよね。親元を離れて暮らしていれば、様子が見えないのでなおさらです。持病があればさらに心配になるでしょう。暑いときは「熱中症になっていないかな」と心配し、寒いときは、「風邪を引いて寝込んでいないかな」と心配していますよね。

ここで、あなたが親の立場なら、「子どもに心配かけているダメな親」などと思わず、小さかった子が立派に成長して、今では自分を気にかけてくれている幸せを噛みしめましょう。

もし子どもに心配をかけたら、子ども孝行していると思っていいのです。子どもにとって、親を心配することは「一人前の大人」である証です。子どもは、いつまでも子ども扱いしてもらいたくないと思っているものですから、心配させてあげることが「子ども孝行」になるのです。

お孫さんに対しても同じです。核家族化が進んでいても、孫と過ごす時間を積極的につくりましょう。

身近にいるほど、大事な孫のことを気にかけるようになるものです。のびのび育っているだろうか、着る物はあるだろうか、友だちはできただろうか、そんなことを気にするようになると思います。

こうして世話を焼くことで、孫は孫で、大好きなおじいちゃん、おばあちゃんがいつまでも元気でいてほしいと思ってくれます。還暦、古希、喜寿、傘寿、米寿……を心から一緒にお祝いしてくれますし、病院に入院したらお見舞いにも来てくれるでしょう。

親と子、そして時には孫も含めて、お互いを気にかけて心配し合いながら人生に張りと生き甲斐を与え合って生きている。そんな関係性が育めていることは、悪いことではありません。

頭で考えた3％の世界では、「人に心配をかけてはいけない」というルールがあるように見えますが、親子関係、血縁関係においては例外だと思っておきましょう。

1日1回笑うと、1時間寿命が伸びる

大爆笑でも微笑みでも効く

最近どんなことで笑ったか、思い出してみましょう。お腹を抱えてゲラゲラ笑うだけでなく、思わず吹き出したり、クスッと笑ってしまったりしたことなどありませんか？　漫才や落語、お笑いが多くの人に好まれ続けているのは、人が笑うことを求めているからだと思います。

どうしてかと言うと、笑っているとき、人は幸せを感じるからです。笑うとエンドルフィンやドーパミンなどの幸せホルモンが分泌されるので、気分が高揚し、ストレス解消につながると言われているのもうなずけます。

医学的にも証明されていて、声を出して大笑いする前と後で比較すると、炎症の減少や痛みの軽減が見られ、免疫力が上がっているのだそうです。笑うことで、不安やストレスが身体に与える悪影響を改善できるので、長期的に見ると、死亡率軽減になるという研究もあるそうですよ。

今では、「笑い療法」と言われるものもあって、芸人さんたちが老人ホームや病院に出向いて、笑いを届ける企画もあるようです。

熟年層に大人気というと、私は綾小路きみまろさんを思い浮かべます。けっこうキツイことを話されていますが、あまりに的を射ているので問答無用で笑えるのです。あなたのお気に入りの芸人さんや噺家《はなしか》さんがいらしたら、観たり聞いたりしながら笑いましょう。

大爆笑しなくてもいいのです。子ども時代や学生時代、無鉄砲だった若い頃のアルバムを開いて、クスッと笑うのでも十分です。ペットの愛らしい姿を見て微笑んでもいいでしょう。

万国共通なのは赤ちゃんかもしれません。たとえ眠っているだけでも、その無垢な姿を見ていると、つい微笑んでしまいますよね。

あなたの笑顔一つがまわりに伝染する

笑顔は、見る側にとっても微笑ましいものです。お子さんやお孫さんと別々に住んでいても、携帯電話やパソコンでお互いの顔を見て話すことができる時代です。声だけで済ませず、ここはぜひ、顔を見ながら話してみましょう。

人と関わるのが苦手という方であっても、1人でいるときに、お笑い番組を観て笑うことができます。笑いあり涙ありの映画『男はつらいよ』や『釣りバカ日誌』などを観るのもいいですね。たとえ1人でも、笑う習慣がつくられることで、「表情筋」が鍛えられます。すると、口角が上がり、人に会ったときに自然と笑顔が出るようになります。

あなたが笑顔になることで、他の人の笑顔を呼び、いずれは人と一緒に何かを楽しむことが億劫でなくなってくるかもしれません。

あるいは、あなたには「この人、苦手だな」と思っている人がいるかもしれません。ご近所さんかもしれませんし、親戚やパートの職場の人である場合もあるでしょう。

そんな人がいたとしても、その人があなたの前で、嫌味でも社交辞令でもなく、心からの笑顔を見せてくれる瞬間があります。これは今まで、97の世界に隠されていた笑顔でした。あなたが自分から笑顔を見せることで、97の世界の扉を開け、その人の純粋な笑顔を目の前に引き出したのです。今後、あなたとその人の関係はもっと良好になっていくでしょう。

微笑みから大爆笑まで、どんな笑いでもいいので、ぜひ1日1回笑ってみましょう。ここでは、「1日1回笑うことで、寿命を1時間伸ばすことができる」と考えてみてください。

寿命を1日伸ばすには、24日間笑う必要があります。でも、人生いろいろありますから、時にはつらいこともあり、笑うことができない日もあるでしょう。なので、約1カ月間、だいたい毎日笑っていたな、と思える感じを目指せばいいのです。

これを継続することで、幸せを感じてストレスが解消できるだけでなく、おおらかで楽観的に物事をとらえられるようになりますよ。

病気は身体からのSOS、生き直しのチャンスです

身体からの思わぬサイン

「あれ、なんとなくいつもの頭痛とは違うような気がする」

そう感じたとしても、「最近ちょっと忙しかっただけよ」とか、「きっと休めば大丈夫だわ」と思い、身体の不調を軽視してしまうことはありませんか？

痛みが身体からのSOSサインだという話は聞いたことがあるでしょう。しかし、現代人は、痛みには薬があると考えますし、医療が発達しているので、少々不調でも直ちに死ぬことはないと思ってしまいがちです。そのため、身体からの思わぬサインを見逃してしまうことがよくあるのです。

自然の摂理に沿って生きていた縄文人の健康管理術

ここで、縄文人の知恵を取り入れた身体との取り組み方をご紹介します。

縄文時代は今から約1万年前なので、現代のように医療が発達していませんでした。もちろん、痛み止めの薬がない時代でも、人はケガをすることも病気にかかることもあったでしょう。縄文人たちにとって、身体の不調は大敵となります。病気になって身体が病んでしまうと、食料を調達できなくなるからです。

身体に不調を感じたとき、縄文人は一時的に食事をごく少量にする断食のようなことをしていたようです。また、身体を温めて薬草を飲むこともあったようです。

しかし、自然の摂理に沿って生きていた縄文人が常日頃行なっていたのは、身体の声に耳を傾けることでした。痛みや不調は身体からのSOSだと知っていたのでしょうね。

そうなると、身体からのSOSをどのようにして察知するかが大切になります。

「最近ちょっと忙しかっただけよ」とか「きっと休めば大丈夫だわ」と軽視せず、この痛みは身体からのサインだと思って、痛みを感じる場所に手を当ててみましょう。

薬を飲む前に、身体と対話する

たとえば、膝が痛いと感じたら、「治さなきゃ」と考えてしまいがちですが、薬、薬と対処に走る前に、思い出してください。これは身体からのＳＯＳサインだと。

そして、心を落ち着かせて膝に手を当ててみましょう。「何を知らせてくれているの？」と声に出して尋ねてもいいと思います。ある人は、身体に尋ねてみたところ、健康のために行なっていたウォーキングが実は身体に負担をかけていたと気がつきました。

「身体に良いはずなのに、どうして？」と疑問を持たれたので、再び身体に尋ねてもらいました。すると、良かれと思って張り切りすぎていたと気がつき、歩く時間やスピード、ルートを見直されました。また、靴に中敷を入れるアイデアもひらめきました。結局、歩く時間をほんの少し短くし、靴に中敷きを入れて続けたところ、膝の痛みが軽減して快適になったそうです。

病気を早期発見するチャンス

また、身体からのＳＯＳサインは、気づかなかった病気を早期発見するチャンスでもあります。

最初に痛みでお知らせをくれたのは膝でも、手を当てているうちに胃がキリキリと痛みを発し、主張し始めたことで、実は胃腸が疲れていたことに気づかれた方もいらっしゃいました。その方は、量が増えていた晩酌を減らして休肝日を設けられたのですが、後日、健康診断で胃潰瘍になりかけていたことがわかって、驚いたと話していました。

縄文人の知恵にならって、身体からのＳＯＳサインに気づくことは、隠された97の本心を引き出すことなのです。

私たちの身体は約60兆個の細胞で構成され、腸内には約１００兆個の細菌がいると言われています。おびただしい数字を取り扱う人体のメカニズムは、まだすべて解明されていません。

「痛み」とは、まさに人体という開拓途中の宇宙から発せられた重要なメッセージなのです。

そのようにあなたが身体を気遣っていると、改善できることが多数あることにも気づいていけます。そして、未病のうちに生活習慣を見直すことができるでしょう。

一つひとつの気づきは小さく微細だったとしても、長い目で見ると、私たちを生かしてくださっている「神秘なる身体」への感謝を感じずにはいられなくなると思います。そんな習慣が、生き直しのチャンスを手にすることにつながるのです。

食事とは「宇宙エネルギー」を食べること

喜びや楽しみ以外の食事の目的

お取り寄せのお惣菜やスイーツは人気がありますよね。食が人に喜びや楽しみをもたらすのも事実です。「日に3回の食事とおやつが楽しみだ」と言う方も多いと思います。

しかし食事は、喜びや楽しみのためだけのものではありません。あなたの身体をつくり、健康に保ち、生きるために欠かせない大事なものです。だからこそ、食事とは何かを考えてみましょう。

若い時代と違って、外出する機会も運動量も減ってきているのに、食べている量はあまり変わらない、むしろ間食が増えているという話をよく耳にします。まだ空腹になっていないのに、いつものことだからと、惰性で食べているのかもしれませんね。食事のみならず、「イライラして、ついお菓子に手が伸びてしまった」というストレス喰いが原因で、肥満になって困っているというご相談もよくあります。

一般的には、食事のあと、胃の消化活動が落ち着いて空になるまでに3〜5時間程度かかるとされています。ですが、あまり運動をされないのでしたら、5時間ほど腹持ちするのではないでしょうか。

ところが、飽食の時代と言われる現代は、食べ物の誘惑がたくさんありますよね。「インスタ映え」という言葉も流行っていますが、写真を撮りたくなるような、目で「おいしそう」と感じるものがたくさんあります。

その他にも、日頃のお付き合いの中で、手土産と言えばお菓子類です。戸棚にはいただきもののおせんべいがあり、子どもや孫のためにと買ったお団子がなぜか自分のお茶菓子に変身してしまうこともあるでしょう。

天明式「プチ断食」のすすめ

もしも食習慣に流されて惰性で食べ続けていると、あなたの胃腸にはいつも何かが送り込まれているので、消化器官を休ませることができません。それだけではなく、満腹中枢神経が麻痺してしまい、どんな状態が空腹なのかわからなくなってしまうのです。

「おかしいわ、さっき食べたばかりなのに、小腹が空いた」と感じるのは、本当の空腹ではありません。ストレスや偏った食事、甘いものを摂りすぎたあとの低血糖、そして目からの情報で「おいしそう」と感じたときの、偽りの空腹なのです。

多くの誘惑に負けないで空腹を感じる方法を知るには、言葉による説明を読んだり聞いたりするだけでは難しいものです。

そこで、夜の食事を召し上がったあと、翌日の夕食までを水と少量の塩で過ごす短期間のプチ断食をしてみることをおすすめしています。

空腹でお腹がキュルキュルッと鳴るのを久しぶりに聞いた方々は「ご飯がおいしか

った」とおっしゃいます。

いい年をしてお腹が鳴るなんて恥ずかしいと思わないでくださいね。お腹が鳴るのは、空腹の合図です。前の食事の消化作業が終わったので、次の食べ物を受け入れられますよ、というサインなのです。

このサインを受けて空腹時に食事をいただくと、あなたの胃腸は少しでも多くの栄養を吸収しようとするので、消化吸収力が高まります。何より、満たされる喜びと幸福感が味わえます。

それこそ、97の本心が必要とする、宇宙エネルギーを食べる食事です。空腹のキュルキュルは、宇宙エネルギーをいただく時間のお知らせだと考えてください。

自然の摂理に従えば、身体が宇宙とつながっていることがわかるでしょう。月の引力も、生命に影響を与えています。満月や新月のときは出血量が多くなるそうです。そのため、古代より、家畜の去勢手術はそのような時期を避けるように言い伝えられてきました。人間も、そんな宇宙の摂理を意識することで、身体が本当に必要だと感じていることを知る感覚を取り戻すでしょう。

今度空腹感を感じたときは、ぜひ身体の声に耳を傾けて尋ねてみてください。何度か繰り返すうちに、偽りの空腹を見抜けるようになれます。

「空腹になるまで待てるかしら？」と不安になるかもしれませんが、二分の教えを守り、常に腹六分から八分で満足していた縄文人の遺伝子は、現代人にも受け継がれています。難しく考えずにやってみてください。

昔話を子や孫にするだけで、細胞が蘇る

昔話を繰り返す意味

「その話、前にも聞いたよ」と人から言われると、忘れっぽくなったことを指摘されたようで、気持ちがシュンとしてしまいますよね。でも、落ち込むことはありません。高齢になると、一度話したことを忘れているかどうかにかかわらず、同じ話を繰り返すことがよくあるのです。

たとえば、「大切なことだから何度も話したい」ということもあります。生きている年数が長いと、幸せだったと感じることも多くなります。また、昔は苦労したけれど、あとから考えてみると幸せだったというふうに、とらえ方が変化してくることも

あるでしょう。そんな大切な話は、ついつい繰り返し話してしまうものですよね。「あの頃は本当に甘えっ子でね、かわいかった」など、苦労が多かったはずの子育て時代の出来事を幸せな思い出話として、すっかり大人になったお子さんに何度も話してしまうことがよくありますよね。

お子さんやお孫さんに当時の話をするときは、昔のアルバムを開きながら過去を振り返るといいかもしれません。

「そんなことあったの？」と、当のご本人でさえ忘れていることがあります。子どもらしいいたずらをした話などが思い出されると、家族の笑顔の呼び水になるのではないでしょうか。

「人生は決して楽しいことばかりではなく、苦労のほうが多かった」と言う人もいるでしょう。でも、人生を辿るように写真の中で笑っているご家族を眺めていれば、幸せの感覚が蘇ってくると思います。

思い出を辿ることで、心を動かす

もしまだ残っているのでしたら、お子さんが子ども時代に書かれた作文を読んでみるのもいいでしょう。あの頃、こんなことを思っていたのねと胸が熱くなることや、おかしな表現を見つけてクスッと笑ったり……。

胸が熱くなったり、吹き出したりしたとき、あなたの心は動いています。高齢になって生活に刺激が少なくなってくると、感動すること、必死になること、大笑いすることなどがどんどん減っていきます。

でも、思い出を辿ることで深い愛情や感動が蘇ってきて、心を動かすことができるのです。

物忘れした自分に「ま、いいか」と言ってあげる

年齢的には、「実際に誰に何を話したか忘れている」こともあるでしょう。同じ話を繰り返していることに気づかされると、「認知症」という言葉が頭をよぎるかもしれません。

でも、忘れることを恐れてばかりいるのは逆効果なのです。嫌い嫌いも好きのうち

というように、嫌だ嫌だと思い続けているのは、不本意ながら避けたいことに注目してしまうという結果になってしまいます。そんなときは、おおらかな気持ちになって「ま、いいか」と自分に言ってあげると、少しは「氣」が楽になります。

「氣」を楽にすることを積み重ね、心の負担が軽くなると、日々の小さな幸せや、人生の瞬間瞬間が幸せであったことなどにもっと気づけるようになります。

すると、お子さんやお孫さんとの会話をもっと弾ませることができたり、心からの言葉でご家族に感謝を伝えることができたりするでしょう。

自分の人生を回想してみる

さて、ご家族に昔の話をするだけでなく、あなたの人生を回想してみるのも、とてもいいでしょう。几帳面な方は、年代ごとにきちんと整理したくなるかもしれませんが、時系列は無視して、思い出せることを書き出してみてください。

昔に思いを馳せて回想することで、記憶の整理もできますし、忘れていたけれど、自分はこんなことも頑張ってきたなと思えることもたくさん見つかります。そして、そのときの感情を思い返すことによって、脳が活性化されます。そのことによって脳の前頭前野という部分への血流が増えて、認知症予防にもなるのです。実はこれは「回想法」と呼ばれる、認知症予防のれっきとした方法なんですよ。

お子さんやお孫さんに昔話をしてあげるだけで、認知症予防になるなんていいと思いませんか？

忘れていた記憶を呼び起こすことは、97の本心からエネルギーを引き出し、老化の進行を遅らせることです。お医者さんばかりに頼らず、自分が本来秘めている自己治癒力を持って、心身ともに健康的な余生を送りましょう。

トイレに行けなくなったら、お迎えですよ

生きるか死ぬかを自分で選んでいた

約1万年前に生きていた縄文の人々は、自分たちの食べ物は自分たちで調達しなければ、生きていけませんでした。

現代のように、コンビニもスーパーもありません。それ以前に流通がなかったので、狩りをしたり、木の実や山菜、魚や貝類などその土地にあるものを採取して、食べていました。冷蔵庫もないので、数日後にはまた食料を求めて働くのです。

食料が尽きると死んでしまうので、狩りや採取の仕事を最優先する生活を送っていました。

だから縄文の人たちは、高齢や病気、ケガなどで動けなくなった人を付きっ切りで看病することはありませんでした。狩りや採取のために出かけなくてはならないので、タロイモなどの食料と水を枕元に置き、留守番をしてもらっていたのです。

そして驚くべきことに、病んだ人は、授かった命を生きたいか終わらせるか、本人の意志で選んでいたのだと言います。もっと生きたいと思うのなら、食べて命をつなぐし、もう十分生きたと悟ったなら、食を断っていたのです。

「私のこの世でのお役目はもう終わりでいいのですか」と個人個人が97の本心に尋ね、自然界の導きに従い、生死を選んでいました。これは一種の、個人への尊厳の現れとも言えます。

悪い細胞に栄養を与えない

食べることは、命を明日につなぐことなので、とても大切です。と同時に、食べたら排泄しますよね。この排泄もまた非常に大切です。人は排泄を自分でできて初めて自立していると言えます。

しかしこれまでどおり、一人で歩いて用を済ませられなくなったら、自立した状態からどんどん離れていきます。ここで、たとえ自立できていなくても、生きなければと思うのが人間です。

自立歩行が難しくなったら、まずは手すりや杖の補助を使ってつかまり立ちしながらトイレまで歩こうと努力すると思います。それも難しくなったときは、這ってでも用足しに行けるかどうか、その気概を持てるかどうか、自分の隠された97の本心に問いかけてください。もし人の手を借りて排泄をするようになったら、考えなければならないでしょう。

私の持論は、「自分で下《しも》の世話ができるなら食べる、そうでないなら食べない」ということです。

これは私の食べる基準で、排泄に人の手を借りるようになったときが食を断つときだと考えています。

食を断つということは、身体に栄養を入れないということですよね。なぜそうするかと言うと、悪い細胞に栄養を与えないためです。

たとえば、あなたの身体がガン細胞に侵されたとします。痛みに苦しむのは、栄養を摂り続けるからです。栄養を摂ると、良い細胞だけでなく、悪い細胞にも栄養を提供することになるので、ガン細胞も栄養をもらって活性化しますよね。すると痛みというSOSを身体が発するのです。

でも、食を断って栄養を与えないようにすることで、良い細胞に栄養を届けられませんが、ガン細胞への栄養補給が絶たれて働きが抑えられていくので、痛みが次第に弱まっていきます。

食を絶って最期の時を迎えると、旅立つ人は苦しまずに楽に召されていきます。苦しみながらのお別れではなく、穏やかに静かに人生の幕を降ろすのは、残されたご家族への配慮でもあります。

自然の摂理に沿うことの大切さを教えてくれている縄文人の知恵は、生きることにも死ぬことにも活かされています。

第七章

神様は「笑い飛ばし」と「ご奉仕」が大好き

自分を笑い飛ばすと、誰からも愛される

人前でオナラをしてしまったら

「文化とは、恥の方向性のことである」と、かつて有名な劇作家のつかこうへいさんがおっしゃったことがあるそうです。

たとえば、欧米では音を立てて食事をすることは恥ずかしいとされていますが、日本では音を立ててそばを食べる文化があります。日本ではマナー違反とされる列に並ばないという行為も、競争という文化が根強い中国では、多くの人が気にしていません。

何を恥と感じるかは、その時代、世代によっても大きな違いがあります。自分たち

の時代では考えられなかった婚前交渉も、今は当たり前になっていますし、かつては後ろ指を指された離婚についても「バツイチ」という言葉が生まれ、カジュアルな印象に変化しています。

人間ですから、「人によく思われたい」と思うのは仕方のないことです。

でも、「こんなことをしたら恥ずかしい」「人に笑われる」と感じるポイントやその度合いは人それぞれです。だから、何か恥ずかしいと思うようなことがあっても、あまり気にしすぎることはありません。

たとえば、オナラはどうでしょうか？　気をつけていても、つい出てしまうことがありますよね。時と場合によっては恥ずかしいでしょう。でも、誰でもするものですし、出てしまったものは仕方がありませんよね。

はしたない、みっともない、自分はダメだと思って小さく縮こまっていたら、周囲にいる人たちに余計な気を遣わせてしまいますし、ほんの一瞬のことなのに、長々と引きずってしまうと、せっかくの楽しい時間を嫌な思い出にしてしまいます。

そんなときは、「逆の立場だったら」と考えてみましょう。「あら、出ちゃったわ、失礼」と、ニッコリ笑われたら、場が和むのではないでしょうか？　第一、うっかりしてしまったオナラ程度で、あなたの価値は変わりませんよ。そんなことは屁でもないことです。もちろん、開き直りすぎて、人前でオナラを当たり前のようにする人になってしまうのは考えものですけどね。

思わぬ失敗をした自分を許す

誰だって思わぬ失敗をすることがあるんだから、自分を許してあげてもいいと考えてみましょう。それに、どんなあなたであっても、見えない97の世界は、いつでも丸っとあなたの全部を受け入れてくれています。97の世界には、3の世界の常識や恥の視点から見た「いいか、悪いか」の価値判断がありません。

ただあるがまま、存在するすべてを受け入れているのです。もちろん、裁きや罰を与えることもありません。そんな97の世界に受け入れられていると知っていれば、自分を許す心が養われていくのではないでしょうか？

些細な失敗を笑い飛ばすくらいの度量を持っていると、ダメだダメだと自分を責めているところから脱して、おおらかな気持ちになれるのです。

　ある旅館の女将さんは、慌ただしい朝のお見送りがすべて終わったとき、トイレで大笑いしたそうです。眉が片方だけしか描かれておらず、変な顔で仕事のあとの安堵感を感じている自分を鏡の中で見たからなのだそうです。どうりでお客様が普段の倍ほどニコニコされていたんだと思い返し、恥ずかしさも込み上げてきたのですが、お客様が喜んでくださったのだから良かったし、うれしかったと話されていました。

　眉のことなら私にも覚えがありますよ。とびきりのおしゃれをして出かけたとき、すれ違う人がニコニコされているのでうれしかったのですが、駅のトイレに入ってビックリです。なんと、眉無しだったのです。

　そういう危機に瀕したとき、人にはすごい知恵が働きますよね。私は慌てて手持ちのマッチを擦って、黒い炭を利用して即席の眉墨にしました。

　失敗をしても、「自分はダメだ」と非難する心から少し離れて、他人事のようにとらえてみると、ちょっとおもしろくありませんか？

　私はその日出かけた先で、皆さんにお話しして、大笑いしました。

お笑い芸人さんたちのように、身体を張って笑いを取るようなことはしなくても、自分のそそっかしい一面を話して笑いに変えると、小さな悩みなど吹き飛んでしまいますよ。

もしあなたが率先して些細な失敗を笑い飛ばしていたら、「なんだ、気兼ねしなくてもいいのね」と、あなたのお友だちも気が楽になるのではないでしょうか？　それは、あなたが自分のことをさらけ出し、笑いに転換することで、皆さんに奉仕をしていることになるのです。

必要なお金は、奉仕100回の後、1000倍で返ってくる

本当のご奉仕は、「条件付き」で行なわない

この世の中は、100円の値札がついているものが欲しいときは100円を支払って手に入れるのがルールです。

思考する3の考えには交換条件が常にあります。あなたが「やっぱり損得勘定は大事だわ」と考えるのも無理はありません。

仕事をするときも、私たちは労働力を時間で計ってお金という対価を得ます。そんな「交換条件」によって暮らしが支えられていることに、何の疑問も持たないことでしょう。

「私は一生懸命頑張ったのに」とか「ここまでしてあげたのに」と、口惜しく思うのは、この交換条件を軸に考えていて、見返りを求めてしまうからです。

3の頭で考えると、「この程度の働きであれば、この程度しか与えなくていいだろう」という発想が浮かぶこともあると思います。お給料が安い職場でサボり癖がつき、結果、給料がいつまでも上がらないという悪循環に陥っている人もいると聞きます。

本当のご奉仕は、「条件付き」で行なうことではありません。隠された97の本心とつながり、心が揺さぶられ、その内なる衝動から行動することです。

私のご奉仕

私は小学生の頃から人の身体の不調を治してきました。お友だちの捻挫を治したのが始まりでした。「痛い」と言うので、とっさに手を当てていたら、みるみるうちに治っていったのです。

その経験を皮切りに、試行錯誤を繰り返しながら、平成2年までの約13年間、無償でご奉仕させていただいてきました。

やがて自然の持つ治癒力を高める「操法」と命名して、お金をいただくようになりましたが、無償でご奉仕させていただいた期間のことを、私は心から感謝しています。さまざまな方の多様な症状と向き合える機会を得たことが経験値となって、日々精進する礎になったからです。

お金をいただくようになっても、三人の子どもを抱えて暮らしていた私にとって、やりくりの苦労から簡単に抜けられたわけではありません。しかし、私を頼って来られる皆さんにご奉仕することは、私にとって神様へのご奉仕でもありましたので、「交換条件」という考えを持ったことは一度もありませんでした。

心からのご奉仕を続けた結果、お金は巡り巡ってくるものだとわかりました。私の場合は、活動を支援する方たちから協賛、協力をたくさんいただくことになったのです。皆さんの心を数で表すことは難しいのですが、千倍にも万倍にも、あるいはそれ以上にも感じられます。

無条件の愛をもって、本心につながる

5歳の頃「お前は世に出る人間になるのだ」という低い声がどこからともなく頭の中に鳴り響きました。その頃からずっと胸に秘めている「どうすれば、人様のお役に立てるのか?」という疑問の答えは、未だもって得ることはできていません。

ですから、この命ある限り私は奉仕することをやめたいとは思わないでしょう。そう在ることが私の人生そのものとなっていますし、何よりも皆さんの喜ぶ声、笑顔に触れることがこの上ない幸せなのです。

以前のように無償でのご奉仕を考えたこともありますが、お金をいただくことにするという結論に至るまでは、さまざまな葛藤を経験しました。

最終的には、もし無償でのご奉仕を続けていると、受ける方の依存心を育ててしまうことになると悟ったのです。

人は皆、授かった自分の命に責任を持つ力、「97の本心」が存在しています。私は97の本心とつながることによって、自分の免疫力、自然治癒力を引き出す方法をお伝

えしていますので、その力を心の底から信頼することによって、まずは自分が実践者になろうと決めたのです。出逢うすべての方々が自らの意志で自分の命に責任が持てると信じていると、お互いの間に、目に見えない信頼という絆が生まれます。

お金は生きるために不可欠なものです。

でも、本当に追いかけるべきものは目先のお金ではありません。まずは、無条件の愛をもって、97の本心とつながることを心掛けるのです。

心が揺さぶられるままに喜んで行動すると、97の本心とつながった宇宙が、あなた自身の価値を証明してくれ、お金はやがて1000倍になって返ってきます。

生きる力が湧いてくる最強モーニングルーティン——朝一杯の白湯

朝、目覚めたときに発したいひと言

「ピンピンコロリ」を合言葉に、運動したり、健康に良い食事を心掛けたりしている人が多いそうです。それは健康寿命を延ばしたいからですよね。そんな皆さんの頭の中には「楽に逝《い》きたい」という願いがあるのだと思います。

来たるべきときに備えよう、準備をしようと考えるのは悪いことではありません。どんなときでも、備えあらば憂いなし、です。

であるなら、少し先の旅立ちのときばかりを考えず、一番身近な今日を見つめ、今日を生きる準備をしてみませんか？

たとえば、朝目覚めたときにこの言葉を声に出して言ってみましょう。

「おはようございます。今日も気持ち良く目覚めることができて感謝します」

「誰に言うの？」という疑問は、3の頭の思考の声です。そんなことは考えずに言えばいいんです。

習うより慣れろです。気持ちが込められていなくても、続けていれば慣れてきます。慣れてきて習慣になる頃には、目覚められたことに不思議と本当に感謝できるようになるものです。もし目覚めなかったら、それはご自宅で眠るように最期を迎えたということです。願いが叶ったということでいいじゃないですか。

起き抜けに飲みたい温かい飲み物

さて、ほんの数十秒、朝の目覚めの言葉を唱えたら、次に起き上がります。身体が横になっている状態から立ち上がるのですから、引力の法則で、体液などが下肢に向かいます。

ここで、一杯の温かい飲みものをいただきましょう。

温かいものを飲むと血の巡りが良くなりますし、寒い冬の日はもちろんのこと、夏の暑い日でも身体の中を温かいものが流れるだけで、気持ちまでほっこりするのです。

温泉に浸かったときのことを思い出してみてください。「はーっ」と息を吐きませんか？

人は心身がほっこりしたとき、溜めていた息を吐いて力みを取る反応をするのです。身体がほぐれるのと同時に、気持ちもほぐれるというわけです。

朝、起き抜けに白湯を飲むと、温泉に浸かったときのように、「はーっ」と息を吐くことになります。

白湯が熱ければ「ふー、ふー」と冷まそうとしますよね。そして、ズズズッとすするように飲むのです。このとき、息を吸っています。そしたら自然と「はーっ」と息を吐くことになります。ここで吐く息は、安堵の息となります。

目覚めてから白湯を飲むのは、朝のちょっとした儀式です。3の思考する頭を脇に置いて、97の本心とつながるための儀式なのです。97の本心は自然の摂理に従うことでつながることができる世界でしたね。五感を研ぎ澄まし、身体の感覚が敏感になってくることで、自分の内なる部分の息づく声が聞こえてくることでしょう。

白湯を飲んだとき、口から食道を通っている感覚や、胃袋が温まるのを感じられるようになってきます。そのときは、五臓六腑の感受性が高まったのだなぁと思って、喜んでください。

普段は暴飲暴食をしても、気にも留めない内臓さんたち。でも、彼らが一生懸命働いてくれているおかげで、今日も元気に生きていられるのです。

このように、自分の内側で支えてくれるありがたい存在に気づくことで、いずれは人生の瞬間瞬間に感謝できる心が育っていきます。

感謝に対する感受性が豊かになると、「その日一日をどう生きるか？」「自分はどう生きていたら幸せを感じられるのか？」と考えられるようになります。朝のちょっとした儀式で、より良く生きる方法を知ることができるのであれば、やらない手はありません。

悲しみや悩みがあるのなら、なおさらのこと。最初は心から感謝できなくても、言葉が宙に舞っていてもいいのです。「やってみよう！」と試すことが大切です。必ず、ほっこり体験があなたの心を癒してくれますよ。

「今この1秒」の在り方が「一生」の在り方

脳は毎日の選択の連続で疲労している

人生は選択の連続だと言いますが、皆さんは毎日多くの選択をしています。お誘いを受けたけれど、行くか断るかもそうですし、ダイエットすると決めたけれど、このお菓子を食べるか我慢するか、など、考えてみると選択することは、日々の中にあふれかえっています。

ある研究結果によれば、人は一日に3万5000回もの選択をしているそうです。数だけ聞いてもピンと来ないものですが、起きている時間を16時間と仮定したとき、1時間に2000回以上も選択していることになります。これは驚きですよね。

選択して決断するには、頭の中で知識や経験則などを呼び出し、比較検討を繰り返します。その結果、頭はいつも疲労を感じているというのです。

「選ぶだけで疲労する」とは、どういうことでしょうか？

たとえば、今日あなたが着ているその服です。何も迷わず選んだでしょうか。「ん？　どうしようかな、今日は寒いかしら、暑いかしら」とか、「靴とズボンに合っているかしら」とか、「ＴＰＯをわきまえているかしら」など、たくさんのことを考えますよね。そうやって考えていることが頭を疲労させるのです。

「着る物選びは楽しいものだからいい」という考えがあってもいいと思います。それは、あなたが選択していることですし、その在り方を自分が選んでいるという自覚があれば、楽しみながらの心地よい疲労になることでしょう。

「自分だけの制服」のすすめ

でももし、それが苦痛なのであれば、「いつも決まったスタイルの服を着る」という方針に変えてもいいと思います。

有名人で言うなら、服部幸應さんです。

医学博士であり、栄養学校の校長で日本の食育にも尽力されている方なので、皆さんご存じだと思います。彼は、もはやトレードマークとなった黒い服ばかりを着ておられますよね。

この方のように、着る服のスタイルを決めていたら、衣装選びで毎日時間を無駄にすることを避けることができます。

あなたも「自分だけの制服」という制度を取り入れてみてはどうでしょう。色だけ、襟のスタイルだけ、靴のブランドだけを決めておくのでもいいと思います。衣装選びの手間を省けるだけでなく、それがいつしかあなたのトレードマークになって、まわりの人たちにも認知されていきます。人がどう思うかは気にしなくていいのです。

私はこの頭がトレードマークです。おかげさまでヘアスタイルに関して悩むことは一瞬もありません。

一日は24時間と決まっています。人生を生きる時間は限られていると考えたとき、選択するのに迷って使う時間をあなたはどう考えますか？　有意義なことをしていると思えるならいいのですが、消耗していると感じているなら、選択で迷う時間を減らすという発想を持ってみてはいかがでしょうか？

選択で迷う時間を減らす方法

では、選択で迷う時間を減らすにはどうしたらいいのでしょう？

その答えは、目標を持つことです。

あなたに目標があれば、何か選択を迫られ迷うことがあっても、その目標達成の助けになるほうを選べばいいだけです。

たとえば、レストランでメニューを見て、どれもおいしそうだと思い迷うかもしれません。でも、「メタボ数値の改善」という目標があるなら、カロリーの低い和食を選ぶでしょう。このようにして時間を節約するのです。

あっという間に過ぎ去る1秒1秒に、何をするのかは、あなたの自由です。大切なあなたの時間を腹を立てたり誰かのせいにすることに費やしているとしたら、限りある命が活かされずもったいないですよ。

「これしきのこと大したことはない」と水に流し、笑い飛ばしても1秒。いつまでも根に持ってイライラするのも1秒。どちらも公平に時間を費やしていますよね。3の頭で物事を難しく考えすぎたり、自分や他人を責めすぎたりすると、貴重な1秒をどんどん無駄遣いしてしまいます。

不本意な出来事を悲劇にするも喜劇にするも、あなたの自由ですが、97の本心は笑顔でニコニコしている人の味方です。

人が1日3万5000回もの選択を無意識に行なうときも、普段からあっけらかんとした笑顔の多い人であれば、より良くなるほうを自動的に選択するよう、97の本心がひらめきという形でヒントをくれるのです。

だからぜひ、「どんな人生にしたいか」というあなたの目標を持って、それに適う選択を毎秒行なってください。そして、目標を達成した自分を想像し、1人密かにニヤニヤしてもいいじゃありませんか。

それこそが「3と97の法則」に則った生き方で、人生を豊かにしていく秘訣です。

世の中のすべては変わりゆく
――良いことも悪いことも

毎日同じであることが不自然

古いアルバムを開いて、若い自分と今の自分を見比べて「これも自然の流れよね」と、ため息をついたりしていませんか？

そんな必要はまったくありませんよ。もちろん、自然とは瞬々刻々変わっていくもので、水を弾いていたスベスベのお肌は、自然と張りを失っていきますが、その年月にあなたは心を成長させているのです。

たとえば10代の頃、腹が立ったことを今も同じように腹立たしく思っていますか？

たぶんそうではないと思います。すっかり水に流されていることだって、かなりあるでしょう。

若い頃はうるさく小言を言う親にイライラしていたとしても、大人になり、子育てをしていくうちに、当時のようにイライラしなくなったと思います。むしろご両親の言っていた小言をコピーしたかのように口走っているのに気づき、ハッとしたという方も少なくないでしょう。

このこと一つとっても、あなたは成長しているのです。昔は経験が浅く、若さという無鉄砲な熱い衝動で動いていたかもしれません。でも、今では経験を積んで多くを学び成長しています。その証拠に悩みのレベルや質が全然違いますよね。

若い頃はタバコやお酒に手を出さないと、仲間に認めてもらえない気がして、無理に喫煙や飲酒をしていた人もいるかもしれません。ところが、今では健康のほうが心配で、いかに喫煙や飲酒をやめるかが悩みの種だと言う人も多いでしょう。

四季や天体、火山活動などの自然現象を見ていると、世の中のすべてはうつろいやすく、瞬々刻々変わっていくことがわかります。空を仰ぎ見るだけでも、浮かんでいる雲の形は一瞬たりとも同じではないことに気がつくでしょう。

つまり、同じ状態を維持しようとするのは、自然の反対で不自然なのです。

成長とは、変わること

3の思考する頭が、毎日が同じであることを安心安全だと信じてしまうので、変わったことを嘆いたり、変わろうとすることに抵抗してしまったりします。

でも、成長というのは、変わることなのです。乳飲み子が立派に成長するのは、その一瞬一瞬で細胞が分裂を繰り返し、骨や筋肉や脳細胞を増やすという変化を休むことなく続けているからです。

変わることに抵抗を覚えながらも、すべては変わっていくのが当たり前と考えると、救われることもあります。今あなたが何かを悩んで苦しんでいたとしても、明けない夜はないように、いつか気持ちは晴れやかになるのです。

若き日の悩みが、今では笑い話になるように、いつの日か今日の悩みも思い返して笑い飛ばせる日がやってきます。

中には、振り返ってみると、「昔の自分のほうが賢かったのではないか？」と思えることもあるかもしれません。

でも、それこそ笑い飛ばして心を成長させるいい材料として使えますよ。

年を重ねると、誰でも物忘れをすることがあるでしょう。記憶力に自信のあった人でも、「手帳に書かなくても大丈夫」と過信していたところ、うっかり約束をすっぽかしてしまうようになります。

そんなときは「まいった、まいった。私も年だね」と笑い話にして降参することです。ここで「忘れっぽくなったはずはない」と抵抗して、メモを取らないという行為を続けたり、「こんなことは始めてだよ。いつもは違うんだから」と言い訳したりせず、素直に変化を認め、そんな自分でも受け入れられるんだと考えることです。

もちろん、97の本心は、どんなあなたでも太陽のように温かく受け入れています。

だからまず、あなたの丹田の中にある97の本心を信じましょう。そうすれば、「お互い様」と他人の至らぬ点までも許せるようになってきます。それこそが心の成長なのです。

昔の自分と比較して、自分の成長を笑い飛ばそう

心の成長は、物理世界のように1の次は2という順番になっていません。しかし物理世界どっぷりの3の頭はそうは考えません。すぐに数値化したがり、やれ脳トレのスコアが誰それより良かっただの悪かっただの、自分のことを価値判断しようとしてしまいます。

年を取って若い頃の自分より劣っていると思えるとき、一歩進んで成長したはずなのに、二歩も三歩も下がっているじゃないかと思ってしまいます。

このように一見後退しているように思えても、それは誤解ですよ。

たとえば棒高跳びのように、高く飛ぶために一度後ろに下がって助走することで勢いをつけると考えてみてください。過去に優秀だった人ほど「劣った自分」を経験することで、大きな心の成長を遂げることができます。「ああ、たとえダメな自分になっても大丈夫なんだ。そして、ダメな奴だと思っていたあの人も自分も、しょせんは目くそ鼻くそだったんだ……」と知るために、あえて神様がそのような計らいをした

のです。

これこそが、物理世界とは異なり、心の世界で「飛び級」をするということなのです。

そして大切なのが、笑い飛ばすことです。

昔の自分のほうが賢かったと思えたとき、過去の自分と張り合っていることを笑いましょう。どちらもあなたなのですから。

勝負する必要がないことなのに、つまらないことで氣を取られているのっておかしくありませんか？

昔とのギャップを「ジョーク」にするのもおもしろいですよね。それに、過去どんなに優秀だったとしても、今のあなたのように心は育っていません。それよりも、賢かった自分がいたからこそ心の飛び級ができたと気づいたとき、自分の成長をわが子の成長のようにクスッと笑え、頬が緩むのではないでしょうか。

「ご奉仕」と「笑い飛ばし」

——神様に近づく生き方

ご奉仕する自分が一番喜びを感じられる

今の時代はテクノロジーが進んで便利になっていますが、一方で純粋に奉仕するのが難しくなっているかもしれません。本当の親切心からお年寄りの荷物を持ってあげようと声をかけても、怪訝《けげん》な顔で拒否されたなんて話を聞くと、切なくなってしまいます。

それを思うと、私は小学生の頃から約1万3000人の方たちに無償のご奉仕をする機会をいただけたのは、奇跡かもしれないと思えます。

純粋無垢な心で奉仕をさせていただくと、結果的に一番の喜びを感じられるのは、自分自身なのです。

30回以上もお友だちの結婚式の二次会で幹事をしたという方の話では、利益のすべてを新郎新婦にご祝儀として渡し、ご自身は無償だったけれど、結果的に自分が一番得をしたとのことでした。その方は、無形の感謝の価値をご存じなのだと思います。新郎新婦からも、祝うために集まった方々からも感謝されたことは、何よりもの財産となるでしょう。そして、見返りを求めず、楽しませよう、喜ばせようと動き回っているとき、その方は誰よりも幸せに満ちあふれていたと思うのです。

いくらでもある奉仕の種類

奉仕を大袈裟に考える必要はありません。玄関先を掃除すること、町内の清掃を進んで行なうことも奉仕です。誰かの心の痛みを察知して、話を聞いてあげることも奉仕ですね。インターネットの時代なので、誰もが簡単に情報提供ができますよね。自分の介護奮闘記をアップしているだけなのに、同じ境遇の方が読んで、役に立ったり励まされたりすることだってあるでしょう。

直接誰かに何かをすることだけが奉仕ではありません。未来の地球環境を考えてゴミの分別をしっかりすることも、後世の若者たちへの奉仕と言えるでしょう。

しかし、人は誰かに認められたいと思う生き物なので、こんなことをしてあげたよとわかってほしくなることもあります。

もし善行をアピールしている人を見かけたら、非難の目で見るのではなく、「わかる、わかる、認めてほしいよね」という思いやりの心で温かく見守ってくださいね。

あなた自身も例外ではないのです。いつ何時、認められたい言動をするかもしれませんし、「ここまでやったのだから」と、見返りを求める感情が湧いてこないとも限りません。

その奉仕、自分に合っていますか？

もし、そういった見返りを求めたくなる衝動がたび重なる場合は、今取り組んでいる奉仕が自分に合っているかどうか、冷静に考えてみましょう。

奉仕には行なう人との相性とも言うべきものがあって、あなたの奉仕テーマに合っていない分野で人のために人のためにと頑張っていると、力むばかりで喜ぶどころか苦しくなるのです。

そんな状況を脱したいと思うのであれば、自分はどんなことで人の役に立ちたいかを考えて書き出してみるといいですよ。もしそれが何かの問題解決に関わることでしたら、どんな種類の問題解決ができるだろうかと考えて、また書き出してください。

書き出してみると、頭の中でぐるぐる考えてばかりいるときには気づかなかったことが見えてくるものです。この書き出しの作業をやればやるほど、あなたの中の97の本心とつながることができます。

97の本心は、あなたの奥底に眠る感情や思い、インスピレーションの宝庫です。普段気づいていない、あれができそう、これができそう、本当はあれをやってみたかった……というアイディアがたくさん出てくることでしょう。

自分に合った奉仕テーマを見つけるヒント

銀行を定年退職された方のケースですが、金融の中でも借り入れに関する部署の仕事をたくさんされていたとのことでした。第二の人生でどのように人様のお役に立てるだろうと考えているとき、終活にまつわる話の流れからその方にぴったりの奉仕テーマに出逢われたのです。お友だちのお子さん世代に対して、金融機関に借り入れをするための奥義を伝えて奉仕されているとのことでした。

時代も違うし、いろいろ勉強することになりましたと苦笑されていましたが、とても晴れやかで、張り合いのある生活を送られている方独特の精悍《せいかん》な表情をしていらっしゃいました。

現役時代の仕事の延長線上で奉仕のテーマが見つかることもあれば、今までやってみたかったけど手をつけることができていなかった分野でテーマが見つかることもあるものです。

ご自分に合った奉仕のテーマと出逢うのは、それだけで幸せなことだと思います。ぜひあなたの中の97の本心に尋ねながら、あなたの生きがい、ライフワークにもなるような奉仕のテーマを見つけてみましょう。

笑いのススメ

他者の目を気にして笑わないのはもったいない

生物の中で笑うことができるのは人間だけなのかそうじゃないのかという議論があるそうです。でも、その答えはどうでもいいと思います。今あなたは人間として生きていて、笑えるのですから、笑いましょうよ。

世代によっては、女性が大口開けて笑うのはマナー違反だ、はしたないと考えられているようですが、それは別にかまうことはありません。

もし世の中の規範や、人にどう思われるかを気にしていることで大笑いできないのでしたら、それはもったいないことですよ。

笑うのは、すばらしいことです。笑うことで、エンドルフィンなどの幸せホルモンが分泌されますし、健康や若返りにもつながります。人間関係は良好になるし、何一つ悪いことはありません。いいことづくめなのです。

笑いのタネの見つけ方、楽しみ方

今、家の中にいらっしゃるのでしたら、ぜひ、床に大の字になって寝転がってみてください。ただこれだけでも、ふっと身体の力みが解けてくると思います。

大の字に横になっていると、気道や胸が開いてきます。呼吸もしやすくなると思います。そのままの状態で30回ほど静かにただ呼吸をしてみましょう。もっともっと身体がほぐれてきて、リラックスしてくるはずです。

身体の力みが取れてきたら、前におかしくて笑った出来事を思い出してみてください。意味のない、どうでもいいことでいいのです。散歩中、見かけた猫が塀に飛び乗ったけど、失敗してズルッと落ちそうになったとか、かわいいお孫さんが言葉を覚え始めて、どんなときもとりあえず「いただきます」と言っている姿などなど。

少しずつ、笑いのタネが芽吹いてきたら、もっともっと思い出しましょう。笑いが込み上げてきたら、考えたり止めたりしようとせず、どんどん笑いの渦の中に入っていってください。

声を出して笑いたくなったら、爆笑しましょう。そして、思い出される良いことも悪いことも全部、笑いの渦の中で浄化してしまいましょう。笑いに癒されてほぐされましょう。

どうですか？

久しぶりに笑ったなと感じられる方も多いのではないでしょうか。うまくできなかったとしても大丈夫です。笑いのタネの芽吹かせ方がわかったのですから、また何度でもチャレンジしてみてください。何度かやってみるうちに、どんどん上達していきます。

初めに大の字になって床に寝っ転がるのがポイントです。

ただ重力に任せることで、身体が勝手に自然の摂理に従おうとしてくれるので、97の本心とつながりやすくなります。

屋外で行なうのなら、芝生や草っ原で大の字に横たわってみるといいですね。普段家の中にいるときに認識している空間とサイズ感が変わるのを感じられると思います。すると自然の中で自分という存在がいかにちっぽけな存在であるか、感覚として知ることができるでしょう。それでいいのです。それこそが、3の頭で考えた狭い世界ではなく、大いなる世界に身を置いていることをリアルに感じる方法なのです。

そして、大の字になってお天道様に向かって笑いましょう。悩んでいることは、些細なことだ、なんとかなるさと思えてきます。自然の中で横たわると、大地からも生きるパワーをもらえます。

笑いましょう。

人生いろんなことがありますが、笑いましょうよ。

きっといいことがありますから。

おわりに

コロナ禍の中、この本を出版する作業をしております。

2020年は新型ウイルスが世界に大きな影響を与えましたよね。私たちの暮らしも多くの変化が起きました。大切な方を亡くされた方に心からのお悔やみを申し上げますとともに、旅立たれた方々のご冥福をお祈り致します。

昨年2020年末に占星術的に大きな変化が起こり、「土の時代」から「風の時代」に入ったと言われています。なんでも約200年に一度の大きな変化だと言います。

その結果、価値観も大きく変わっていくのだそうです。「土の時代」では金銭や物質が重宝されていましたが、「風の時代」では知性やコミュニケーションが大事になると言います。

皆さん、お気づきになったでしょうか？

これは「目に見えるもの」の時代から「目に見えないもの」の時代への移り変わりということ。つまり「3」の時代から「97」の時代へ変わっていくということなんです。そのタイミングで、この本を上梓することができたのを心からうれしく思います。

そして、この本が一人でも多くの方が古い習慣や思い込みを脱ぎ捨て、軽々と人生を喜びで満たす一助になればと願っております。

＊

さて、今回こうして私が日々行なっていることを書き記すにあたり、わが人生を振り返ってみました。

3人の子どもの母親として子育てをしながら、神様とも言える宇宙や大自然のパワーとつながる仕事を続けていく道のりは、決して平坦なものではなかったことが思い返されます。

頭を丸めておりますので、「学校行事のときはカツラをつけるように」と言う子どもたちからの強い要望があった時代のことも思い出されました。約束どおり、学校に出向くときはカツラを装着して行っていたのですが、ある日問題が起きました。

呼び鈴が鳴ったのでいつもの格好で玄関に出たところ、子どもの友だちが立っていたのです。慌ててドアを閉め、カツラを装着しましたが、後の祭りでした。翌日には学年中の噂になっていて「お前の母ちゃんハゲ頭」とはやし立てる子もいたようです。

ところが驚いたことに、その噂はたった数日で消え去ったのです。

「何か文句ある？　何か迷惑かけたの？」と、うちの子どもたちが正々堂々立ち向かったからだと知って、「わが子ながらすごい！」と思いました。

「今日から私は母50、天明50として生きますので、あなたたちに不便や迷惑をかけると思います」

と、覚悟を決めて決意表明をしたのは、子どもたちが小学生の頃でした。まだ幼い子どもたちに、いろんな思いをさせてきたと思います。それでも、それぞれ自主性を持ってたくましく育ってくれていることに感謝しております。

悩んで苦しみ抜いた果てに、隠された97の本心にすべてがあると悟ったとき、心の中の庵、神様の胸に抱かれている場所をみんなが持っていることに気づきました。

「自分の中に神様がいてくださる」

心からの実感としてそれがわかったときの安堵感は、言葉に尽くせません。「大丈夫よ」と口癖のように言っているのは、それが本当だからなのです。

それから、繰り返し、繰り返し、3と97の法則のことをお伝えしています。


私たちは、長年の古い習慣で思考する3の考えを優先し、信じてしまいます。でも隠された97の本心は静かに脈打っているので、2つの異なる考えを持って心が葛藤するのです。この葛藤から解放されるための呼吸法や考え方を皆さんに伝え続けているのは、葛藤からの解放は必ず起きると知っているからです。たくさんの失敗をしてきた私にもできるようになりました。私がその生き証人として、3と97の法則を伝えなければという使命感を持っております。

時代が変わり、世情が変わっていく移行期ですから、多くの人たちの心が惑います。

「このままでいいのだろうか？」

「どうすればいいのだろうか？」

こういった疑問が、葛藤から解放されることへの始まりのように感じています。


3の部分の頭は、こう言います。「コロナにかかりたくない、怖い」と。この考えの先には2つの道を分ける岐路があり、片方は「怖い、怖い」と3の部分で恐れを膨らませている、夢や将来への希望が縮小していく道です。

そしてもう片方は、3の部分の恐れから離れ、意識を丹田に降ろし、隠された97の本心に委ねる拡大の道です。

もしあなたが後者の拡大の道を選ばれ続けるのでしたら、そのたびごとに頭で思考する3の部分に変化が起きてきます。「怖い、怖い」と恐怖に取り込まれるばかりだった状態から、おおらかになっていき、別の可能性もあるのではないかと静かになるのです。

やがて、思考する3の部分は97の本心の偉大さを受け容れ、協力し合い、人生を謳歌することに尽力していくようになります。それこそが「風の時代」の生き方です。
世界の皆さんがそうなれたら、どんな世界になるでしょう。私の命が尽きるまで、その夢をあきらめず、精進して参ります。そのことをここに改めて宣言致します。

なお、出版にあたり多大なるご尽力をいただいたフォレスト出版の皆さん、また執筆に不慣れな私を叱咤激励してくれながら出版に至るまで後押ししてくださった潮凪洋介様、Ray 様、鶴賀太郎様には特別お世話になりました。心より御礼申し上げます。

最後になりましたが、生前私のことを見守ってくださり、よき理解者としてサポートしてくださった故安保徹、故中條高徳の両氏に本書を捧げたいと思います。
それではこの本を手に取ってくださったあなたの人生が、笑顔に満ち健やかであることを心からお祈り申し上げます。合掌。

2021年2月　　天明

【著者プロフィール】

天明（てんめい）

「心健導場」主宰。統合療法気功師。おせっかいばぁば。
1942年、宮崎県生まれ。幼少の頃から友人の体をさすると痛みがとれる「見えない力」を自身が持っていることに気づく。その後、心とからだを磨くための修行を開始。深層心理学・哲学・東洋医学を研究。1992年、その集大成である「3と97の法則」を書籍『いのち』（サンケイ出版）にて発表。現在、企業・団体・カルチャースクール等でトータルヘルスマネージメントの講演活動を行なう。東京・荻窪で著者が主宰する「心健導場」では、どこへ行っても解消されなかった心身の悩みを持つ人や、能力開発したい人に「心」と「からだ」のカウンセリングを行なっている。「こころ」と「からだ」を整える手法「天明操法」を1万2000人以上に指導。自らの治癒力に目覚め、開運や才能開発の力を得る場所となっている。

「おせっかいばぁば」が教える
神様を味方につける習慣

2021年3月24日　初版発行

著　者　天明
発行者　太田　宏
発行所　フォレスト出版株式会社
〒162-0824 東京都新宿区揚場町2-18　白宝ビル5F
電話　03-5229-5750（営業）
03-5229-5757（編集）
URL　http://www.forestpub.co.jp

印刷・製本　中央精版印刷株式会社

ISBN978-4-86680-121-6　Printed in Japan

「おせっかいばぁば」が教える
神様を味方につける習慣

読者の方に無料
特別プレゼント

未公開原稿
「今日から後悔しない生き方をする」

（PDF ファイル）

著者・天明 さんより

紙幅の都合で、本書に掲載できなかった未公開原稿「今日から後悔しない生き方をする」を読者の皆さんに無料プレゼントとしてご用意いたしました。天明さんの書き下ろし未公開原稿です。ぜひダウンロードして、本書と併せてご活用ください。

特別プレゼントはこちらから無料ダウンロードできます↓

http://frstp.jp/tenmei

※特別プレゼントは Web 上で公開するものであり、小冊子・DVD などをお送りするものではありません。

※上記無料プレゼントのご提供は予告なく終了となる場合がございます。あらかじめご了承ください。